U0498435

# 中小企业国际化合规经营指引

## （南亚篇）

Guidelines for International Compliance Operation of
Small and Medium-sized Enterprises
(South Asia)

教育部人文社科重点研究基地四川大学南亚研究所
中国国际贸易促进委员会深圳市委员会　编著

西南财经大学出版社
Southwestern University of Finance & Economics Press

**图书在版编目（CIP）数据**

中小企业国际化合规经营指引.南亚篇/教育部人文社科重点研究基地四川大学南亚研究所,中国国际贸易促进委员会深圳市委员会编著.—成都:西南财经大学出版社,2022.9

ISBN 978-7-5504-5479-8

Ⅰ.①中…　Ⅱ.①教…②中…　Ⅲ.①中小企业—企业经济—国际化—研究—中国　Ⅳ.①F279.243

中国版本图书馆 CIP 数据核字（2022）第 140678 号

## 中小企业国际化合规经营指引（南亚篇）

ZHONGXIAOQIYE GUOJIHUA HEGUI JINGYING ZHIYIN（NANYA PIAN）

教育部人文社科重点研究基地四川大学南亚研究所
中国国际贸易促进委员会深圳市委员会　　　编著

策划编辑:何春梅
责任编辑:肖　翀
责任校对:周晓琬
封面设计:星柏传媒
责任印制:朱曼丽

| | |
|---|---|
| 出版发行 | 西南财经大学出版社（四川省成都市光华村街 55 号） |
| 网　　址 | http://cbs.swufe.edu.cn |
| 电子邮件 | bookcj@swufe.edu.cn |
| 邮政编码 | 610074 |
| 电　　话 | 028-87353785 |
| 照　　排 | 四川胜翔数码印务设计有限公司 |
| 印　　刷 | 四川五洲彩印有限责任公司 |
| 成品尺寸 | 170mm×240mm |
| 印　　张 | 12 |
| 字　　数 | 196 千字 |
| 版　　次 | 2022 年 9 月第 1 版 |
| 印　　次 | 2022 年 9 月第 1 次印刷 |
| 书　　号 | ISBN 978-7-5504-5479-8 |
| 定　　价 | 68.00 元 |

1. 版权所有,翻印必究。
2. 如有印刷、装订等差错,可向本社营销部调换。

# 编 委 会

主　　　编：尹　响　顾东忠

副 主 编：高　亮　郭程军　陈晓红

编委会成员：王甜甜　丘爱玲　潘　奕　杨欣欣

　　　　　　金书玉　邓光顺　王　巍　罗　魁

　　　　　　罗文清

# 前言

随着经济全球化的不断深入，企业"走出去"步伐加快，如何有效加强企业国际化经营合规建设，成为国际经贸投资合作的重要议题。虽然受到新冠肺炎疫情影响，但我国与"一带一路"沿线国家贸易往来日益紧密。据海关总署统计，2013—2021年，我国与"一带一路"沿线国家进出口总值从6.46万亿元增长至11.6万亿元，年均增长7.5%，占同期我国外贸总值的比重从25%提升至29.7%。其中，2021年，我国对"一带一路"沿线国家进出口总值达11.6万亿元，较上年增长23.6%，较同期我国外贸整体增速高出2.2个百分点。其中，出口为6.59万亿元，增长21.5%；进口为5.01万亿元，增长26.4%。2021年，深圳对"一带一路"沿线国家进出口7 755.5亿元，增长15.1%，年度进出口规模创新高。"一带一路"沿线正成为越来越多中国企业"走出去"的目标地。

《中小企业国际化合规经营指引》（南亚篇）（简称"本指引"）是对习近平总书记在"深圳经济特区建立40周年庆祝大会"上重要讲话的积极探索和创新实践，为"一带一路"重点地区，尤其是南亚地区的国际化合规经营提供指引，助力企业提升合规管理能力，实现企业可持续发展。

本书重点为在印度、巴基斯坦、尼泊尔、孟加拉国、斯里兰卡和马尔代夫这6个南亚国家进行国际化经营的企业提供合规建议和指引；为企业在规范自身日常生产经营活动、加强合规管理流程设计、准确识别及管控法律风险和政策风险等方面提供支持和帮助。本书包括国际贸易、市场准入、知识产权、海关流程与注意事项、反腐败反贿赂、企业注册、企业报税、投资风险、建立和谐关系等与企业在"走出去"过程中密切相关的重要领域。

教育部人文社科重点研究基地四川大学南亚研究所（简称"四川大学南亚研究所"）成立于1964年，是国内成立时间最早、成果最丰硕、专门从事南亚研究的机构。四川大学南亚研究所始终坚持"以研究政治经济现状为主，兼及历史文化"的方针，并结合我国社会经济发展的实际，加强对南亚国家政治经济现状的研究。其研究工作服务于我国社会经济发展。

中国国际贸易促进委员会深圳市委员会（简称"深圳市贸促委"）作为政府公共服务部门，致力于为企业国际化经营开展合规风险排查，提供合规培训及合规应对指引，帮助企业树立合规意识、培养合规文化、建立合规体系，提升企业国际化经营水平及风险应对能力。

作为本书的联合编纂单位，四川大学南亚研究所和深圳市贸促委希望通过本书帮助企业更好地开展合规风险的识别和管控，以实用案例加合规指引的方式，解决企业合规建设的实务需求，帮助企业降低海外合规风险、进一步提升合规水平。

本书编写过程中，得到了相关领域专家学者的大力协助，在此表示感谢！

本书编委会

2022 年 4 月

# 目 录

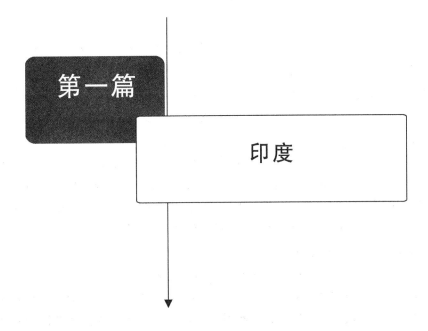

第一篇

印度

# ▷一、中国与印度经贸合作概况

中国和印度同属文明古国，两国人民的友好交往源远流长。在绵延几千年的历史进程中，两大文明交相辉映、互学互鉴，共同谱写了世界文明史上的绚丽篇章。自 1950 年两国正式建立外交关系以来，中印关系不断向前发展。迈入 21 世纪，两国关系驶入快车道，建立了面向和平与繁荣的战略合作伙伴关系。

2018 年 4 月，习近平主席同莫迪总理在武汉举行非正式会晤，开创了中印高层交往新模式，增进了两国战略互信，打开了两国经贸多领域、全方位合作的历史窗口。2019 年 10 月，习近平主席同莫迪总理在金奈举行第二次非正式会晤，给所有参与两国经贸务实合作的企业服下一粒"定心丸"，注入一剂"强心针"。

作为全球人口最多的两个国家及经济增长最快的主要经济体，中印之间应加强经贸发展战略对接，切实推动多领域、全方位务实合作，共同为两国经济求发展，为两国人民谋福祉。党的十九大提出要推动建设开放型世界经济，谋求开放创新、包容互惠的发展前景。为此，中国将坚定不移地进行创新引领，继续走高质量发展之路，努力实现由"经贸大国"向"经贸强国"的转变。

未来，中国的大门将会越开越大，对外交往也将越来越频繁，会有更多的企业响应政府"走出去"的号召，推动中国与印度、中国与世界各国的经贸合作迈上新台阶。印度总理莫迪提出"印度十五年发展愿景"，力争到 2032 年将印度建成繁荣、教育良好、健康、安全、廉洁、能源充足且清洁、具有全球影响力的国家。目前，印度正通过优化营商环境、放宽外资准入条件、出台投资优惠等系列举措，发挥人口红利，激发市场活力。伴随莫迪政府第二任期各领域改革举措不断深化，印度投资潜力及竞争力将进一步提升。

从投资环境吸引力角度来看，印度的竞争优势有以下几方面：政治相对稳定；经济增长前景良好；人口超过13亿，市场潜力巨大；地理位置优越，辐射中东、东非、南亚、东南亚市场。世界经济论坛《2019年全球竞争力报告》显示，印度在全球最具竞争力的141个国家和地区中排第68位。在世界银行发布的2020年《营商环境报告》中，印度在190个国家和地区中排名第63位。印度已连续三年跻身10个发展最快的经济体之列。

站在新的历史节点上，我们应共同落实两国领导人所达成的重要共识，坚持互为发展机遇、互不构成威胁的基本判断，携手扩大经贸合作规模，提升投资合作水平，推进多产业、多领域"融合"，拓展"中国梦"与"新印度"的合作空间，实现"龙象共舞"。

## ▷二、印度对外国投资合作的相关政策及法律法规简介

### （一）印度对外贸易政策

#### 1. 主管部门

印度商工部（Ministry of Commerce and Industry）是印度国家贸易主管部门，其下设商业部和产业政策与促进部两个分部。商业部主管贸易事务，负责制定进出口贸易政策、出口促进措施，处理多边和双边贸易关系、国际贸易、出口导向产业及商品发展与规划等事务。产业政策与促进部负责制定和执行符合国家发展需求目标的产业政策与战略，监管产业和技术发展事务，促进和审批外国直接投资和引进外国技术，制定知识产权政策等。

印度储备银行（央行）负责金融体系监管、外汇管制和货币发行。印度财政部下属的中央消费税和关税委员会负责制定关税、征收关税、监管海关和打击走私。

#### 2. 贸易法律体系

印度与贸易有关的主要法律有《1962年海关法》《1975年海关关税

法》《1992 年外贸（发展与管理）法》和《1993 年外贸（管理）规则》。

## （二）印度市场准入政策

### 1. 投资主管部门

印度主管国内投资和外国投资的政府部门主要是：商工部下属的工业和内贸促进局，负责相关政策制定和投资促进工作，其下设金融、基础设施发展、知识产权、国际合作等相关司局；公司事务部，负责公司注册审批；财政部，负责企业涉税事务和限制类外商投资的审批；储备银行，负责外资办事处、代表处的审批及外汇管理。

在外资审批中，属于"自动生效"程序审批的外资项目直接报备储备银行，不属于"自动生效"程序审批的外资项目，或超出印度政府有关规定的外资项目的审批由相关产业部门负责。对超过 500 亿印度卢比的提案，则由内阁经济事务委员会（CCEA）审核批准。

印度官方的投资促进机构，还包括印度投资署（Invest India）。该机构于 2009 年 12 月，由中央政府（商工部）、各邦政府和印度工商联合会（FICCI）共同成立，旨在促进外国资本有重点、全面、系统地在印度投资，为投资者提供优质的投资相关服务。

### 2. 投资行业的规定

（1）禁止投资的行业

核工业、博彩业、风险基金业、烟草业。

（2）限制投资的行业

电信服务业、私人银行业、多品牌零售业、航空服务业、基础设施投资、广播电视转播等。外商投资如超过政府规定投资比例上限，需获得政府有关部门批准。投资于保留给小型企业的经营项目，需获政府批准。为扶植小型企业发展，印度政府自 1997 年起规定部分产业项目仅供小型企业经营。根据 2020 年印度中小企业部发布的政策，小型企业用于工厂及机器设备的投资应小于 1 亿印度卢比、营收应不超过 5 亿印度卢比。截至 2022 年 8 月底，印度政府仍保有鼓励小型企业经营的行业清单（114 类）和要求从小企业采购的商品清单（358 类）。非小型企业在取得工业许可证后，亦可经营保留给小型企业的产业项目，但该项目的出口比例要求在 50% 以上。

（3）鼓励投资的行业

电力（除核电外）、石油炼化产品销售、采矿业、金融中介服务、农产品养殖、电子产品、电脑软硬件、特别经济区开发、贸易、批发、食品加工等。

**3．投资方式的规定**

（1）设立公司

中国公司或中国人在印度开展投资活动，首先要选择一定的主体形式或法人资格，主体形式或法人资格的选择主要取决于想要从事的经贸活动的内容和目的，一般应该选择印度法律规定的纳入外资管理的名称，并在相应的职责范围内从事商务活动。根据印度《公司法》，外国投资者可在印度独资或合资设立私人有限公司，此类企业设立后视同印度本地企业；外国投资者可以将设备、专利技术等非货币资产用于在印度设立的企业。上述资产须经当地中介机构评估，并经股东同意后报公司事务部批准。

（2）外资并购

印度允许外资并购印度本地企业。当地企业向外转让股份必须符合所在行业外资持股比例要求，否则需获得财政部批准。所有印度企业的股权和债权转让都须获得印度储备银行的批准，如并购总金额超过120亿印度卢比，还需获得内阁经济委员会的批准。

（3）收购上市公司

外国企业可以通过印度证券市场收购当地上市公司。如外国企业通过市场持股超过目标企业流通股总额的5%，则须通知目标企业、印度证监会和交易所；如果持股超过15%，继续增持股份则需要获得印度证监会和储备银行的批准，获得批准后必须通过市场邀约收购其他股东所持股份的20%。

（4）并购主要法律和流程

印度外资并购的主要法律论据是印度《竞争法》。2011年，印度修订了并购和兼并的相关规定，取消了对于普通并购的交易审查，大幅度降低并购和通告费，分别由400万印度卢比降至5万印度卢比（FORM1）、由400万印度卢比降至100万印度卢比（FORM2）。2019年，印政府出台《印度竞争法委员会（关于合并的交易步骤）实施细则》，新增"绿色通道"规则——当收购方或者目标公司，以及它们的集团公司不存在业务重叠，不存在业务上的横向、纵向、互补性关系时，双方可以特定形式的表格提交声明（Declaration），声明自己符合绿色通道适用情形、合并不会给竞争造成负面影响，提交声明后即可视为得到印度竞争委员会（CCI）的同意，合并可以继续。

印度竞争委员会是并购和兼并交易中反垄断、经营者集中的审查机构。只有遇到影响公平竞争的项目，竞争委员会才会保留第二轮的审查，否则将在 180 至 210 天内完成审核工作。此外，交易涉及的企业集团资产超过 600 亿印度卢比或营业额超过 1800 亿印度卢比的交易，仍需事前许可。被兼并或并购的目标企业的净资产达到 20 亿印度卢比或营业额超过 60 亿印度卢比的，印度竞争委员会也将进行干预。

（5）安全审查

印度针对外资的安全审查由印度国家安全委员会负责，委员会主席为印度总理，委员会成员包括内政部、国防部、外交部和财政部的部长，其他内阁成员或者官员如果受到邀请也可以参加会议。委员会主要职责是处理国内外安全、军事事务、常规与非常规防务、空间与高技术、反渗透、反恐、经济与环境等问题。委员会下设三个机构：战略政策小组、国家安全顾问委员会和国家安全委员会秘书处。其中，秘书处负责针对外资的国家安全审查。

（6）成功案例

2013 年，中国中材国际工程股份有限公司通过全资子公司——中材国际（香港），以股权收购与增资方式取得印度 LNVT 公司的绝对控股权。本次交易价款总额约为 13 亿印度卢比（约合 1.5 亿人民币）。交易完成后，中材国际（香港）持有 LNVT 68% 的股权，LNVT 原控股股东 V. C. Rao 和 LNVT 公司各持有 16% 的股权。2018 年，复星医药收购印度格兰德制药 74% 的股权，交易总金额达 10.9 亿美元。

（7）失败案例

某中资企业拟收购印度信实集团有关输变电业务，双方企业已经达成初步共识，并提交申请到印度有关部门。但由于国家安全原因，并购搁浅，印方对此并未给出明确理由。

**4. PPP/BOT**

印度公共财政能力有限，因此基础设施薄弱。PPP/BOT（Public-Private Partnership/Build-Operate-Transfer）模式，即"政府和社会资本合作/建设—经营—转让"模式，在解决投资短缺、降低项目风险、克服腐败和征地困难等方面优势明显，未来将在印度基础设施建设中发挥关键作用。目前印度暂未建立全国统一的 PPP 监管机构，而是在部分公共职能领域内，由部委如印度国家公路局、印度国家港务局等履行一定的 PPP 职能；而中央政府层面仅设有 PPP 项目评估审批委员会（PPPAC），委员会的职能部门包括：经济事务部、计划部、费用管理部、印度法律事务部以及项目发起部。同时，印度政府还鼓励各邦（州）和部委设立 PPP 中心，进行集中管理。

**5. 针对陆上邻国投资的特殊规定**

根据印度工业和内贸促进局（DPIIT）发布的《修改外商投资政策以限制 COVID-19 疫情期间的投机性收购行为》公告，来自与印度接壤国家的投资主体或实际控制人在印度的所有投资均需通过政府审批，直接或间接转移现有及未来在印度的外商直接投资份额也需要获得政府审批。此前，外商投资的政府审批路径仅适用于孟加拉国和巴基斯坦。此外，印度政府于 2020 年 7 月 23 日修改了《2017 年财政通用规则》，要求来自与印度接壤国家的任何投标人只有在主管当局注册登记后才有资格投标，包括货物、服务（包括咨询服务和非咨询服务）或工程（包括交钥匙工程）方面的任何采购。

登记主管机关为工业和内贸促进局设立的登记委员会，登记时需提交来自外交部和内政部的政治和安全许可。登记范围包括接受政府或其事业资助的公共部门银行和金融机构、自治机构、中央公共部门企业（CPSEs）和 PPP 项目。

**（三）印度关税政策**

要了解印度进出口关税税率及调整情况，请访问印度消费税和海关中央委员会（CBEC）[①] 网站。

**1. 税收体系和制度**

印度税制是以印度《宪法》的规定为基础建立起来的。印度《宪法》第 265 条规定："没有议会的授权，行政上不能课税。"印度税收立法权和征收权主要集中于联邦中央政府和各邦政府，地方城市政府只负责少量的税种征收。中央政府和各邦政府的课税权有明确的划分，中央政府征收的税种（central taxes）如图 1-1 所示。

---

① 印度消费税和海关中央委员会（Central Board of Excise and Customs）网址：www.cbec.gov.in/htdocs-cbec/customs。

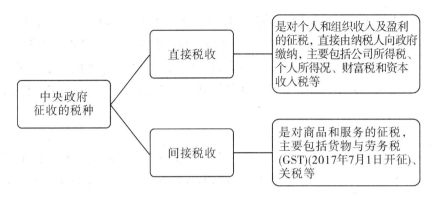

图 1-1　中央政府征收的税种

各邦政府主要征收新开征的货物与劳务税（GST）、印花税、土地收入税等。在货物与劳务税没有覆盖的领域，如石油产品和白酒，继续征收增值税（未实施增值税的邦为销售税）等原税种。

地方城市政府征收的税种主要包括财产税、入市税，以及供水、排水等公用设施的使用税等。

印度的纳税年度即财政年度，与其会计年度一致，开始于每年的 4 月 1 日，结束于次年的 3 月 31 日。多数税种报税的时间为每财年结束前，即每年 3 月底前；企业所得税需每季度初的 15 日内按预计的下季度收入预缴，每年 3 月底前按财年实际情况结清；个人所得税每月由雇主单位代扣代缴。

企业可自行报税或通过当地会计师事务所报税。财年末报税时，企业需向税务机关提供报表、会计师事务所出具的审计报告，以及企业营业执照、税务登记号等文件和信息。

**2. 主要税赋和税率**

（1）公司所得税

现行税率为：本国公司 30%（另需加税款的 2% 作为附加税）；外国公司 40%（另需加税款的 2% 作为附加税）。在印度注册成立的公司或将其管理权和控制权放在印度的公司，视为本国公司，其在世界范围的收入均要纳税。除此以外的公司即为外国公司，只对其在印度境内的经营收入征税。

（2）资本收入税

本税主要是指出售资产所得收入的赋税。"长期资产"是指拥有时间超过 3 年的实物资产，以及持有时间超过 1 年的股票、证券、基金等。长期实物资产出售收入的税率一般为 20%，而出售同样属于长期资产的股票、证券、基金等的收入则不用征税。"短期资产"是指拥有时间低于3 年的实物资产，以及持有时间少于 1 年的股票、证券、基金等。短期实物资产出售收入的税率与公司所得税率相同，而出售持有时间少于 1 年的股票、证券、基金等，则按其收入的 10%收税。

（3）个人所得税

需要征收个人所得税的项目包括：①工资收入：包括工资、补贴、津贴、退休金等；②房产收入：如房屋租赁所得等；③业务和技能所得：指通过做业务所得的佣金和利用自己的专业技能所得的收入；④资本收入：如利息、证券和股票收入等；⑤其他收入：如彩票等。印度个人所得税的税率经常调整。

2020 年，印度对个人所得税税率进行了调整。新《税法》规定，年收入在 50 万至 75 万印度卢比之间的个税税率为 10%（此前为 20%），年收入在 75 万至 100 万印度卢比之间的个税税率是 15%（此前为 20%），年收入在 125 万印度卢比之间征税税率为 20%（此前为 30%），收入在 125 万至150 万印度卢比之间的是 25%（此前为 30%）。对于那些收入超过 150 万印度卢比的个人，征税税率则为 30%。同时，将个人所得税征收对象按年龄分为 3 个不同阶段，即 60 岁以下、60~80 岁、80 岁以上，各年龄段的税率不相同。同时，每年还会根据该财年财政预算情况推出不同的减税、抵扣税等优惠政策。但值得注意的是，截至 2022/2023 财年，印度仍然同时保留新旧两种税制，允许个人自由选择按何种税制进行报税。

（4）货物与劳务税

货物与劳务税分为四个子税，即中央货物与劳务税（CGST）、邦货物与劳务税（SGST）、综合货物与劳务税（IGST）和中央直辖区货物与劳务税（UTGST）。

其中，中央直辖区货物与劳务税相当于邦货物与劳务税，属于地方政府一级税收。货物与劳务税实行"双轨制"，中央和邦政府作为征税人同时征收各自的货物与劳务税，即对邦内提供的货物和劳务，由中央政府和邦政府分别征收中央货物与劳务税及邦货物与劳务税；对于邦际交易，则由中央征收综合货物与劳务税，该税为中央货物与劳务税及邦货物与劳务税之和。

目前，货物与劳务税的基本税率有 4 档，即 5%、12%、18%和 28%，每档税率为中央货物与劳务税及邦货物与劳务税的合计税率，即两者各征50%。此外，还设有 0.25% 和 3% 两档适用于钻石、未经加工的宝石以及金、银等少量货物的税率。因此，如果不包括对出口实行的零税率，印度货物与劳务税实际上有 6 档税率。绝大部分商品的税率都在 18% 以下，特定奢侈品和有害商品在适用 28% 税率的同时，还需征收附加税。

### （四）印度环境保护法律法规概述

#### 1. 环保管理部门

印度环境保护主管部门为印度环境和森林部（MoEFCC）①。

印度环境和森林部下设组织包括：印度林务局（IFS）、印度新德里中央动物园管理局、钦奈国家生物多样性管理局、新德里国家恒河流域管理局、新德里国家老虎保护局。

#### 2. 主要环保法律法规名称

现行环保法规主要有《环境保护法》《水法》和《大气法》。除上述法律外，印度环保法规还包括大量其他附属法规：《1980 年森林保护法》《1972 年野生动物保护法》《原子能法案》《1879 年大象保护法》《流行病法案》《工厂法案》《渔业法案》《1968 年杀虫剂法案》《1896 年警察法案》《市政立法》《1954 年防止食品掺假法案》《1860 年印度刑法典》和《1963 年特赦法案》等。

#### 3. 环保法律法规基本要点

《环境保护法》共包括 26 项内容。除了"适用的领土范围、生效方式和时间、执法人员的法定身份"等技术事项外，其基本内容包括 6 类。截至 2017 年 4 月，印度共有 182 家由印度环保部授权的环评机构（EIA Consultant Organization），涉及采矿、公路、铁路、水泥、电力、工业等多个领域②。

### （五）印度反对商业贿赂法律法规概述

印度未出台专门的防止商业贿赂的法律，对于商业贿赂的判定和惩罚，主要参考关于规范政府部门行为的《中央文官行文准则》和《1988 年防止腐败法》的相关规定。此外，《2003 年公司法》对于公司参与商业

---

① 印度环境和森林部网址：moef.nic.in/index.php。
② 机构名称及联系方式详见：www.qcin.org/nabet/EIA/documents/Accredited%20consultants.pdf。

贿赂的行为也进行了相关规定。

## （六）印度对外国公司承包当地工程的政策

### 1. 许可制度

印度有相对健全的法律体系和较为完善的市场经济体制，招标程序相对规范。印度工程市场向外国企业开放，不要求参加投标的外国公司在当地注册，外国公司可以直接投标或者与当地公司组成联合体投标。投标时，需要具备业主要求的工程承包资质。中标后，只有按规定成立项目公司才能实施项目。

中国企业在印度承揽工程项目，通常有以下两种途径：

一是以外国公司形式在印度参与印度项目工程承包。鉴于印度基础设施市场巨大，各类基建项目众多，一般而言，凡涉及金额超过 1 500 万美元的项目，都需进行国际公开招标，且没有门槛限制。外资企业无须在印度注册任何形式的子公司或分公司，即可直接以母公司名义参与当地市场项目投标，一旦中标（特指 EPC 总承包项目），则中标公司需要在印度注册项目办公室进行项目施工，同时还需拥有相应的以中标人名义开设的项目账户，进行项目往来账款的收支。该项目所发生的任何税费，均由业主代扣和代缴。

二是以印度子公司的名义参与印度项目工程承包。外国企业还可在印度注册子公司，进行工程项目承揽。

### 2. 禁止领域

印度尚未对中国企业开放港口疏浚和船坞工程，以及靠近边境、军事控制区等敏感区域内的工程。中国企业参与印度境内的石油和天然气管道工程也需先经印度内政部批准。

### 3. 招标方式

除了国际组织贷款项目必须公开招标外，没有强制招标要求，不公开招标的项目也不需要陈述理由，尤其是企业自筹资金的私营项目。在具体实践中，为了扶持印度本地制造业，政府项目大部分采用议标方式。

## （七）印度知识产权保护的规定

### 1. 当地有关知识产权保护的法律法规

印度是世界知识产权组织的成员国，并于 1998 年 12 月 7 日成为《保护工业产权巴黎公约》的成员国。印度涉及保护知识产权和工业产权的法规包括《专利法》《著作权法》《商标法》《设计法》等。

在印度，主管专利、设计、商标及地理标志等事务的机关是印度专利、设计及商标管理总局，而版权管理部门则是印度版权局和版权委员会。在印度的知识产权管理体系中，还包含印度知识产权申诉委员会、印度警察部门以及民间行业管理社团。

印度的知识产权司法体系主要由印度最高法院以及每个邦和直辖区的高等法院构成，另外还包括专门法庭，如知识产权上诉委员会。值得一提的是，印度对信息技术的保护力度很大，制定了《信息技术法》，与《专利法》《版权法》共同对信息技术进行保护，其保护范围除了计算机软件外，还涉及电子签名、电子记录等的数据，以及计算机、计算机网络、计算机系统、计算机数据库、关键信息基础设施、受保护系统、网络安全等。印度《专利法》并没有对"软件"或"计算机程序"做出适当的定义。印度《版权法》规定"计算机程序"是"一套存储在机器可读介质上以单词、代码、方案或任何其他形式体现的指令，可让计算机执行某种任务或取得某种结果"；而《专利法》则将数学方法、商业方法、计算机程序本身以及演算方法排除在可授了专利的客体范围外。但于 2016 年 2 月 19 日颁布的《计算机相关发明（CRI）审查指南》指出，综合使用硬件和软件且具有新颖性、创造性和工业实用性的发明可授予专利。

**2. 知识产权侵权的相关处罚规定**

印度对于知识产权侵权行为大多是通过司法途径进行处理的。在侵权诉讼方面，印度对专利侵权的判定与中国的判定标准差异较大，如忽略专利权的非本质特征，只要被控侵权物包括了体现发明本质特征的所有技术特征即构成专利侵权。印度专利侵权案件的审理期限一般为 4 年至 6 年，因此，侵权诉讼案中的专利权人和被诉侵权人都不得不投入大量的人力和财力，这对专利权人和被诉侵权人都提出了较高的要求。

**（八）印度政府采购方面的规定**

**1. 与政府采购有关的法律法规**

尽管印度近年来在立法方面取得不小进步，但一直未有能完全覆盖所有公共实体采购的统一、专门的法律，中央一级与邦一级公共机构和企业必须遵循各自的采购规则，并通过各种采购框架、指南等管理不同层级的采购实务。

广义的法令和指令包含在 2005 年的《总财政法》和《财政权授权法》（DFPR）内，更广义的法律框架还包含在《1872 年合同法》《1930 年货物出售法》和《仲裁及限制法》，以及《2005 年信息权法》内。不同领域的采购对应不同的法律，比如国防采购需要遵照国防部颁布的《国防采购手册》执行，中央政府部门则需通过中央物资局进行采购。除了各邦的采购规则与情形有所不同，印度公共采购还面临着专业采购人员不足、公共合同受到官员不当干涉等一系列问题。印度曾在 2010 年以观察员的身份加入了世贸组织《政府采购协定》，但目前尚未正式加入该协定。

**2. 参与采购的途径**

印度中央政府于 2012 年开始实施电子化采购制度，旨在提高采购过程的透明度。由于多种原因，印度中央政府目前有三个政府采购网站，建立时间不同，侧重点也不同，分别由不同的政府部门管理，分别是：Tenders India[①]、Central Public Procurement Portal（CPPP）[②] 及中央政府电子化采购门户网站〔Government e-Market（GeM）〕[③]。

（1）Tenders India

该网站由印度电子和信息产业部管理。投标人通过该网站提供的电子采购系统，可以免费下载相关投标计划，并在线提交投标材料。

（2）CPPP

该网站于 2013 建立，由印度财政部和电子和信息产业部共同管理，主要目标是提供一个可访问各部委和各部门的采购信息的统一窗口。所有中央政府部门、中央公共部门企业（CPSE）和自治机构都必须在此公布所有招标信息。采购实体可在涉及保密需要、国家安全等方面选择退出电子化采购程序。

（3）GeM

该网站于 2016 年设立，由印度商工部主管，主要为了便于政府机构采购通用商品和服务。该网站的建立改变了政府部门、公共事业部门和其他政府类机构的商品和服务采购方式。GeM 类似一个大型电子商务平台，目

---

① Tenders India 网址：https://etenders.gov.in/。

② CPPP 网址：https://eprocure.gov.in/。

③ GeM 网址：gem.gov.in。

前在该平台上注册的买方组织（各类具有采购权的政府机构/官员）有 27 053 个，卖方和服务提供商有 138 317 家，提供的产品有 472 711 种。为了能够参与中央政府采购项目，投标者需要在 GeM 上进行注册，获得电子签名及电子代码。此外，供应商必须按照统一的电子文档格式提交标书。

有关印度中央政府采购项目的相关具体信息和要求，可在上述网站查询。

**3. 对外国产品和供应商的限制性规定**

除一些特殊标的外，印度并未明令禁止外国供应商进入印度公共采购市场，但印度的外国投资政策中还是提及了一些不允许外国企业参与的领域。比如，核能及铁路建设这些不允许私人企业进入的行业，对外国竞标者亮起了"红灯"。

实践中，印度公共采购市场对外国企业和外国产品开放程度仍有限，且政策有收紧趋向。例如，2015 年，印度中央政府颁布了一系列要求中央政府优先采购国内电子产品的指导意见，作为"本国采购"战略中的重要组成部分。2017 年 6 月，印度中央政府发布"政府采购优先考虑印度制造产品"的新政策（PPP-MII Order，2017）①，要求政府采购优先考虑"印度制造"的产品，满足"印度制造"的产品达到 50% 的当地含量；本地产品/服务相对于外国产品/服务享有 20% 的溢价优势，目的是振兴印度制造业和服务行业，创造更多就业，这进一步限制了外国产品/服务进入政府采购市场的空间。2018 年 3 月，印度总理莫迪对公共项目采购，特别是重大公共项目采购招标文件中对国内制造商和供应商施加的限制性和歧视性条款表示关注，要求加严执行 2017 年政府采购优先考虑印度制造产品的政策。2020 年 5 月，印度总理莫迪表示，应优先采购印度国内可以生产的电力、电信设备。

## （九）印度对中国企业投资合作保护政策

### 1. 中国与印度签署的双边投资保护协定

2006 年中印两国签订了《双边投资保护协定》，目前该协定已过期，不再有效。截至 2022 年 8 月两国仍未续签该协定。

---

① "政府采购优先考虑印度制造产品"的新政策（PPP-MII Order，2017）网址：https://dipp.gov.in/sites/default/files/publicProcurement_MakeinIndia_15June2017.pdf。

**2. 中国与印度签署的避免双重征税协定**

1994 年，中印两国签署了《〈中华人民共和国政府和印度共和国政府关于对所得避免双重征税和防止偷漏税的协定〉及议定书》。2018 年 11 月，中印双方签署了《关于修订 1994 年 7 月 18 日在新德里签署的〈中华人民共和国政府和印度共和国政府关于对所得避免双重征税和防止偷漏税的协定〉及议定书的议定书》，对前期签订的协定和议定书进行了更新和补充。

# ▷ 三、中国企业进入印度市场的合规步骤

在印度投资和办理相关手续，程序相对较为复杂。最好能事先咨询当地律师事务所、会计师事务所或其他中介服务机构。

**（一）注册企业**

**1. 设立企业的形式**

在印度，投资设立企业的形式包括代表处、分公司、私人有限公司和公众公司 4 种。

**2. 注册企业的受理机构**

设立代表处：由母公司或其委托人向位于孟买的印度储备银行提出申请。印度对中国企业在印度设立代表处（办事处）管控较严，审批时间很长，尤其是近年来极难获得批准。

设立分公司：由母公司或其委托人向位于孟买的印度储备银行提出申请。

设立私人有限公司、公众公司：由股东向印度公司事务部设在各地的公司注册办公室申请；私人有限公司最低注册资本为 100 000 印度卢比，公司名称后缀为 Pvt. Ltd；公众公司最低注册资本为 500 000 印度卢比，公

司名称后缀为 Co. Ltd。2015 年以后，印度《公司法》取消了实缴注册资本的要求。

**3．注册企业的主要程序**

注册企业的主要程序如图 1-2 所示。

在网上(网址：www.mca gov in)申请临时董事代码(DIN)，填写数字签名(DSC)申请表格。临时董事代码获批之后，申请者会即刻收到DIN-1(永久董事代表申请表)

凭DIN及DSC，核实公司名称

起草公司章程(Memorandum)及实施细则(Article of Association)，明确公司营业范围、股东人数、出资比例、董事会如何召集等

向公司注册处(Register of Companies，ROC)提交公司章程及实施细则，申请公司营业执照(Certificate Incorporation in India)

刻章(董事章及授权签名章)

收到"公司成立证明"之后，印刷《公司章程及实施细则》小册子(将COI置于首页)

向UTI Investors Services Limited申请永久账户号码（Permanent Account Number，PAN，也称"税号"）。UTI代表印度财政部税务局（Income Tax Department）处理此项申请

到银行开设往来账户

向税务局评定处(Assessing offce in the Income Tax Department)申请税务代码(Tax Account Number for Income Taxes deducted at source，TAN码)

如果公司主营进口及批发贸易，需申请进出口代码(IEC Code)及TIN(Tax Identification Number)，该号码代表中央销售税及地方销售税(需提供10万卢比银行保函)。如果公司主营服务业，则需申请服务税号(Service Tax Number)

图 1-2　注册企业的主要程序

## （二）承揽工程项目

### 1. 获取印度工程项目信息

有中央和邦政府项目，也有私人企业投资项目，项目信息一般由政府部门或企业的综合（招标）办公室发布或者委托咨询公司通过网站、当地各大报纸等渠道发布。另外，还可以通过邮政系统向各国驻印度使馆等部门邮寄相关信息。中国驻印度大使馆经商处会在其网站上发布部分项目招投标信息。

### 2. 招标投标

在印度的国际组织贷款项目一律采用招标方式，印度政府和私营项目对招标无硬性规定。印度主要招标行业有：电站、输变电工程、电信、铁路、公路、港口疏浚和船坞工程、国际机场建设、采矿、水利工程、石油和天然气管道工程等。但实践中，中国企业参与港口疏浚、船坞工程、国际机场建设、石油和天然气管道工程等领域需报经印度内政部审批。手续繁复，耗时较长。

### 3. 许可手续

印度法律规定，外国公司中标 EPC 项目后，需要在印度注册一个临时性的项目公司来实施工程项目。该项目公司须经印度外交部、内政部、财政部及中央储备银行审批通过后才可成立，且只能开展与这个项目相关的商务活动。

## （三）申请专利和注册商标

### 1. 申请专利

印度商工部下属的专利、设计和商标局负责专利、设计和商标注册工作。其总部位于孟买，在德里、加尔各答和钦奈分别设有办公室（阿穆德巴德设有商标注册办公室）。企业申请注册商标、专利等，需分别到各邦商标注册办公室（Trade Marks Registry）和专利注册办公室（Patent Office Branch）进行办理。

申请专利流程如下：

提交申请材料，包括申请表、发明人宣誓书、说明书、图示、发明摘要（若说明书非正式版本，则须在提交申请后 12 个月内补交正式说明书）。其中专利说明书建议由相关知识产权法专家起草，以确保所有条款均适用相关法律。

公示。申请提交日起 18 个月后进行公示，申请人可请求优先公示，以提早结束公示。

申请。审查提交申请当日起 48 个月内请求对申请进行审核；申请人可请求优先审核，以提早结束审核步骤。

审查。对申请材料产生异议，则会下发第一次审查报告（First Examination Report，FER），申请人需在发文日起 12 个月内进行回应，若申请人不服驳回理由，有权要求开听证会。

授权。专利局核准专利后，该申请案可获得专利号并公示。

驳回。若申请人不服专利局的驳回决定，可在 3 个月内向知识产权上诉委员会（The Intellectual Property Appellate Board，IPAB）提起上诉。

授权后异议。此专利在公示 1 年内，任何人有权对该专利内容提出异议。

**2. 注册商标**

（1）申请人资格

任何在印度使用或打算使用商标的人均有权申请注册商标。打算使用不一定仅限于申请人。如果申请人没有使用或没有打算使用该商标，但是如果一家公司即将成立且申请人打算在商标公示之日起 6 个月内将该商标转让给这家公司，该商标即可得到注册。如果两个或两个以上的申请人均打算注册该商标，则任何一人在没有得到他人同意的前提下无法使用该商标，这些申请人可以作为共同申请人来申请注册商标。国外申请人必须提供印度当地的通信地址。

（2）可注册商标的构成要素

印度商标注册簿有 A 簿和 B 簿之分。

在 A 簿中，下列要素在不需要提供使用证据的情况下可取得注册：由文字、图形或其组合；品牌，标题，标签，票据，姓氏名称，个人、公司或企业名称，臆造文字，具有显著性的标志，由数字、字母或其组合构成并用于纺织品（印度本国分类第 22 类至第 27 类）的标志，均可在不需要提供使用证据的情况下在 A 簿取得注册。

在 B 簿中可注册商标的要素包括：由 4 个商标文字或数字或其组合构成的商标，可无须提供商标的使用证据，在 B 簿取得注册；在 A 簿未取得注册的商标，可在 B 簿申请注册；在 A 簿取得注册的商标，可同时申请在 B 簿取得注册；极少使用的姓氏名称，在无须提供使用证据的情况下，可在 B 簿取得注册；由 4 个英文字母或数字所组成的臆造词，在无须提供使用证据的情况下，可在 B 簿取得注册；生者的姓氏名称，在本人同意的情况下，可在 B 簿取得注册；逝者的姓氏名称，在逝者辞世后的 20 年内，在其继承人或法定代理人同意的情况下，可在 B 簿取得注册。

（3）不可注册商标的要素

在相同或近似的商品领域与在先注册的商标相同或近似的；欺骗消费者或易在消费者中造成混淆的；与印度其他法律相悖的；侮辱、诽谤他人的；在印度境内与公民的宗教信仰相悖的；商品的通用名称；化学元素符号；原产地名称；在纺织品上，单一字母、标题不可以注册；字母或数字或其组合必须在一定条件或限制下方可取得注册；药品的名称。

（4）申请所需文件

申请者须向注册管理部门提交以下材料：①申请人的姓名、地址、国籍。若申请人为合资企业，则还应提供此企业的所有董事和股东的信息，同时还应提供公司的属地国国籍、地址和营业执照。②用于申请商标注册的产品/服务清单以及相关类别。③需注册商标的电子版。④若商标中包含了非英文单词，此单词的英文翻译也需提供。⑤首次在印度境内使用此商标的日期，若未在印度境内使用，则标明"未使用"。⑥由申请人签署的委托书，无须进行公证认证。

在印度申请注册商标的流程如图 1-3 所示。

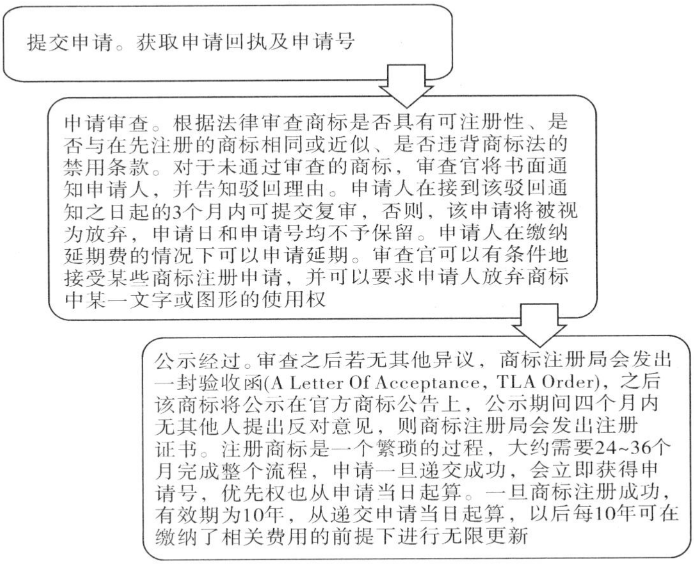

提交申请。获取申请回执及申请号

申请审查。根据法律审查商标是否具有可注册性、是否与在先注册的商标相同或近似、是否违背商标法的禁用条款。对于未通过审查的商标，审查官将书面通知申请人，并告知驳回理由。申请人在接到该驳回通知之日起的3个月内可提交复审，否则，该申请将被视为放弃，申请日和申请号均不予保留。申请人在缴纳延期费的情况下可以申请延期。审查官可以有条件地接受某些商标注册申请，并可以要求申请人放弃商标中某一文字或图形的使用权

公示经过。审查之后若无其他异议，商标注册局会发出一封验收函(A Letter Of Acceptance, TLA Order)，之后该商标将公示在官方商标公告上，公示期间四个月内无其他人提出反对意见，则商标注册局会发出注册证书。注册商标是一个繁琐的过程，大约需要24~36个月完成整个流程，申请一旦递交成功，会立即获得申请号，优先权也从申请当日起算。一旦商标注册成功，有效期为10年，从递交申请当日起算，以后每10年可在缴纳了相关费用的前提下进行无限更新

图 1-3　申请注册商标的流程

## （四）企业报税

### 1. 报税时间

多数税种报税的时间为每财年结束前，即每年 3 月底前；企业所得税需在每季度初 15 日内按预计的下季度收入预缴，每年 3 月底前按财年实际情况结清；个人所得税每月由雇主单位代扣代缴。各税种报税时间依据各自相关法规确定，分为月度、季度及年度。企业所得税需在每季度结束后下月 15 日前按核算的季度收入预缴，每年 9 月底前按财年做汇算清缴；个人所得税每月由雇主单位代扣代缴。

### 2. 报税渠道

企业可自行报税或通过当地会计师事务所代理报税。

### 3. 报税手续

财年末报税时，企业需向税务机关提供报表、会计师事务所出具的审计报告，以及企业营业执照、税务登记号和税务机关要求的其他文件信息。

### 4. 报税资料

企业须在每年 9 月 30 日前向税务机关提交收入申报表（Return of Income），即使该财年没有利润也须申报。在该财年中，企业须通过预付税款的方式来履行缴税义务，具体时间为：6 月 15 日、9 月 15 日、12 月 15 日和 3 月 15 日。如未在规定时间提交报税材料，企业将被要求根据缴税金额支付滞纳金。

## （五）中国企业出口印度的海关合规步骤

### 1. 单证要求

中国企业出口印度的单证包括：

①已签名发票；

②装箱清单；

③海运提单或提货单/空运单；

④已填制完毕的 GATT 申报单；

⑤进口商或其报关代理人的申报单；

⑥批文（需要时提供）；

⑦信用证/银行汇票（需要时提供）；

⑧保险文件；

⑨进口许可证；

⑩行业许可证（需要时提供）；

⑪化验报告（货物系化学品时提供）；

⑫暂准免税令；

⑬关税免除权利证书（DEEC）/退税减税权利证书（DEPB）原件；

⑭目录、详细技术规格、相关文献资料（货物系机械设备、机械设备零部件或化学品时提供）；

⑮机械设备零部件单个价格；

⑯原产地证（适用优惠关税税率时提供）；

⑰无佣金声明。

**2.关税政策**

印度财政部通知，自 2018 年 10 月 12 日起提高 17 种商品的进口关税。这 17 种商品包括智能手表、电信设备等。通知要求，智能手表和电信设备的关税从目前的 10% 提高到 20%。

**3.海关规定**

第一，所有转运至印度内陆货运站的货物，必须由船运公司负责全程运输，并且必须要将提单及舱单最终目的地一栏填写为该内陆点。否则，必须在港口掏箱或者支付高额的更改舱单费，方可转运至内陆。

第二，货物到港后，可在海关仓库存放 30 天。满 30 天后，海关将向进口商发出提货通知。如进口商因某种原因不能按时提货，可根据需要向海关提出延长申请。如印度买家不做延长申请，出口商的货物在海关存放 30 天后会被拍卖。

**4.清关**

卸货后（一般 3 天之内），进口商或其代理人须先填写《进口报关单》（Bill of Entry），一式四份。第一联和第二联由海关留存，第三联由进口商留存，第四联由进口商缴纳税款的银行留存。否则，须向港务局或机场当局缴纳高额的滞留费。如货物系通过电子数据交换（EDI）系统申报，则无须填制纸质的《进口报关单》，但须在计算机系统中录入海关处理货物通关申请所需要的详细信息，由 EDI 系统自动生成《进口报关单》。

**5.拍卖规定**

货物抵达印度港口，需要提前 3 天进行货物舱单申报（IGM），一旦注明了进口人编码（IEC 编号），货权便已转移给进口商。此时，无论货主、货运代理或者船运公司都无法控制货权，无论 FOB 或 CIF 条件下，无论提单是否凭托运人指示（TO ORDER OF SHIPPER），无论提单是否在你手上，无论是 L/C、D/P 或者 T/T，印度进口商都可以不退运，并且等待海关拍卖，以低价获得货物。

**6. 退运规定**

印度海关规定，出口商需凭原进口商提供的放弃货物证明、有关提货凭证及出口商要求退货函电、委托船代理在付清港口仓储费、代理费等合理费用后办理退运手续。

如果进口商不愿给出口商出具放弃货物的证明文件，出口商可凭进口商拒绝付款或提货的函电或由银行或船代理提供的进口商不付款赎单的函电、有关提货凭证及卖方要求将货物回运的函电委托船代理直接向印度有关港口海关提出退运要求，并办理有关手续。

## （六）赴印度的工作准证办理

**1. 主管部门**

印度工作签证的申请接收部门为印度驻外使（领）馆；印度工作签证的审批部门为印度驻外使（领）馆和印度内政部。外国人进入印度后须向居住地所在的外国人注册办公室（FRRO 或 FRO）申请居住许可并申请延期。工作签证延期的审批部门为邦内政部和中央内政部。

**2. 工作许可制度**

外国人在印度工作必须事先获得工作签证（Employment Visa）或新近针对电力和冶金项目设立的项目签证（Project Visa）。工作签证的申请人必须是有专业资格的高技术/高技能专业人员，而从事日常事务性工作、秘书或文书工作等无须专业技术或高技能的相关人员，不在工作签证申请的受理范围内。印度公司所担保的外籍公民在该印度公司的年收入需在 25 000 美元以上。此要求不适用于从事以下领域工作的人员：中餐厨师、语言教师（英语语言教师须符合年收入 25 000 美元以上的要求）、翻译、相关国家驻印度使领馆工作的人员。

（1）工作签证的签发对象

①前往印度将在某公司或者某组织（于印度注册）内工作的外籍公民，或者从事由某外方公司/组织运作实施的某项工程中的相关工作的外

籍公民；②依照双方签订的设备/机器/工具器具等的供货合同，前往印度安装、调试机器、设备或工具器具的外籍工程师或技术人员；③被授权前往印度、向已缴付使用费等各项费用的印度公司提供技术支持、技术服务、传授技能或者提供各类服务的外籍人员；④依照合同，前往印度从事顾问工作，并由印度公司支付固定酬金（不可以月薪的方式支付）的外籍人员；⑤依照与印度宾馆、饭店、俱乐部或其他单位/组织签订的合同，在合同期内，定期在以上单位从事表演活动的外籍艺术家；⑥前往印度国家级或邦级运动队或者知名体育俱乐部从事教练工作的外籍公民；⑦与印度体育俱乐部或体育组织签订固定期限合同的外籍运动员；⑧作为独立技术顾问，前往印度为工程、医疗、财务、法律或其他领域提供高技能服务的自雇外籍人员（如果印度法律不允许，外国人不能在印度从事该领域的工作）；⑨中文和其他语言的教师或口译员；⑩中餐专业厨师，其他国家餐饮的专业厨师。依据中印两国于 2003 年 6 月签订的关于简化签证程序的谅解备忘录，针对中国公民可签发的工作签证类别如下：①3 月期单次往返工作签证（适用于在印度开设办事处、在印度工作，含承包某项工程的工作）；②3 月期工作人员随行家属单次往返探亲签证；③3 月期非工作人员随行配偶/子女/亲属单次往返旅游签证。（提示：商务签证或任何其他种类的签证不允许转成工作签证。希望获取工作签证的外籍公民必须返回他们拥有永久居留权的所在国，向印度使/领馆申请工作签证，并提供签证所需的所有相关文件。）

（2）项目签证签发对象

该签证的签发对象为前往印度从事电力或冶金项目工作的外籍公民。具体要求包括：①签发对象仅为高级技术人员或熟练技术人员，半熟练和非熟练技术人员不在签发对象范围内；②项目签证持有人在签证有效期内只能在印度从事该项目工作，不得参与同一家公司的其他项目工程，亦不得参与其他公司项目工程；③项目签证持有人活动范围仅限该项目所在地；④签证有效期与该项目合同期等长，但最长为 1 年，可多次往返；⑤每个外籍公民在某印度公司从事同一项目工作不得超过 2 年（从该项目开工之日起算）；⑥项目签证申请人须提交相关申请材料，证明某印度公司或组织已与某外方公司签署项目合同；⑦每个项目只允许派遣最多两名厨师和两名翻译；⑧印度公司须担保前往该公司从事项目工作的外籍人员在签证有效期满前离开印度；⑨签证有效期超过 180 天的项目签证持有人须在抵达印度后 14 天内前往当地外国人登记注册办公室（FRO 或 FRRO）办理登记注册手续。

**3. 申请程序**

工作签证申请流程如图 1-4 所示。

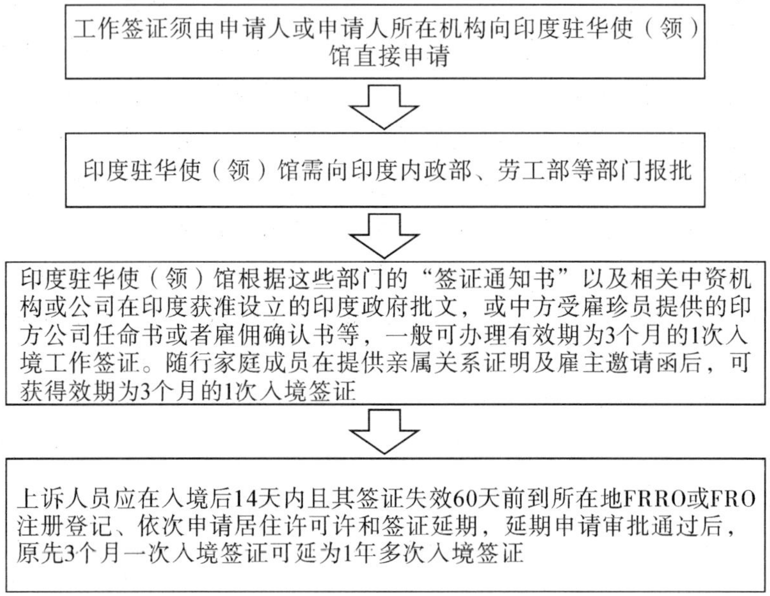

工作签证须由申请人或申请人所在机构向印度驻华使（领）馆直接申请

印度驻华使（领）馆需向印度内政部、劳工部等部门报批

印度驻华使（领）馆根据这些部门的"签证通知书"以及相关中资机构或公司在印度获准设立的印度政府批文，或中方受雇珍员提供的印方公司任命书或者雇佣确认书等，一般可办理有效期为3个月的1次入境工作签证。随行家庭成员在提供亲属关系证明及雇主邀请函后，可获得效期为3个月的1次入境签证

上诉人员应在入境后14天内且其签证失效60天前到所在地FRRO或FRO注册登记、依次申请居住许可许和签证延期，延期申请审批通过后，原先3个月一次入境签证可延为1年多次入境签证

**图 1-4　工作签证申请流程**

外国人居住许可和多次出入境签证每次延期的申请时段不超过 1 年，并且一次工作许可允许的总工作时长不能超过 5 年。如申请者在印度工作超过 5 年，则需要重新申请新的工作签证。申请工作签证通常需要 8 个星期或更长时间，工作签证的延期审批通常需要 4 个星期或更长时间。目前，印度对中国公民在印度境内务工控制极严，一般管理人员和工程技术人员极难获得工作签证，普通工人更是无法获得相关工作签证。

**4. 提供材料**

（1）工作签证申请

需要提交的材料包括：①印度公司聘书及双方所签合同的复印件；②申请人简历；③教育/专业经历证明；④专业技能证书；⑤ 印度公司根据《公司法》规定办理的登记执照，或该公司在印度某邦的工业部门或者出口促进委员会已注册登记的证明；⑥公安局签发、公证处公证的无犯罪记录证明；⑦签证审核表中要求提交的其他文件。

（2）项目签证申请

需要提交的材料包括：

①与中方公司或机构签订了工程合同或项目合同的印度公司出具的证明信函（原件或者传真件），其中应包括以下信息：a. 中方公司全称；b. 中方公司的登记注册地址；c. 工程/项目名称；d. 该项目在印度的详细地址：邦、区、镇、村；e. 项目合同工期（总天数）；f. 分别列出前往印度从事该项目的以下中方工作人员的人数：高级技术人员；拥有理工类专业学士或以上学位或理工类专科学历证书的熟练技术人员；拥有中等专业学历证书的熟练工人。

②印度公司致相关印度驻外使/领馆的信函（原件或者传真件），其中需明列以下信息：a. 印度公司担保前往该公司从事工程、项目工作的中方公司及中方工作人员在印度的一切行为；b. 印度公司全责担保中方工作人员在印度遵守印度的法律、法规（需要相关中方人员的姓名、护照号、出生日期）；c. 印度公司担保前往该印度公司从事工程、项目工作的中方工作人员在签证有效期满之前离开印度。

③中方公司出具的证明文件，需简述该印度项目或工程的性质及相关中方工作人员在该项目中的工作内容。

④申请人的简历。

⑤教育资质证明。

⑥专业技术资格证。

⑦印度公司根据印度《公司法》的规定办理的登记执照，或该公司在印度某邦的工业部门或者出口促进委员会已注册登记的证明。

⑧由公安局/派出所出具并公证的无犯罪证明公证书。

⑨填写附加表格并及时将该表格的电子版（以 Word 格式）发送至电邮：fsvisa@ indianembassy.org.cn。

# ▷四、中国企业进入印度市场需要重点注意的合规事项

## （一）投资方面

### 1. 风险挑战

中国企业到印度投资，应充分估计和适当应对面临的困难，包括：

①印度对外国资本实行中性政策；

②投资成本较高；

③企业注册、人员签证办理困难；

④法律体系复杂、税收监管严格；

⑤宗教信仰多；

⑥存在行业相对集中、对市场了解不全面的问题；

⑦印度陆上接壤国家投资面临障碍。

综上，中国企业赴印度开展合作，应首先考虑印度实际需求与中国产业在印度发展情况，并统筹考虑投资合作风险，量力而行。

### 2. 相关案例

2013 年中材国际实施了对印度企业 LNVT 的并购，主要经验如下：一是充分利用中介机构信息资源，审慎筛选拟并购对象。2011 年，财务顾问向中材国际提交了《初步目标企业清单》，共 16 家企业。中材国际从中筛选出 3 家企业进行重点接触。经过进一步审慎研判、反复比对确认，最终确定 LNVT 为并购目标公司。二是科学研判目标公司，确定谈判筹码和底线，达成初步合作意向。LNVT 业务主要集中在印度，市场排名第 4 位，满足中材国际的基本并购诉求；该公司的主要发展短板是技术能力不足、制造能力不足、产品结构相对单一，而中材国际与之合作后能够为其提供技术与装备，这使双方产生协同效应。这些为中材国际的价格谈判提供了依据。三是保持良好沟通，灵活调整交易结构。双方首先对目标公司企业估值基础达成一致。谈判过程中，中方敏锐捕捉合作方的重点诉求，在交

易结构设计中做出合理让步，有效推动了并购谈判进程。四是切实开展尽职调查，调整交易价格。根据框架协议约定，中材国际聘请了印度本地的风险咨询机构和律师事务所对目标公司开展了尽职调查；通过直接调整交易价格，对在尽职调查中发现的问题予以解决。五是借助当地专业机构，严格防范法律风险。中材国际聘请当地律师，在印度法律框架下设计合法有效的风险控制方案，通过协议条款约定等措施来规避相关风险。

### （二）贸易方面

#### 1. 注意事项

印度贸易公司大多为中小型企业或家庭企业，对国际贸易实务和惯例了解不够，且部分企业信誉欠佳，近年来甚至发现有进行进口诈骗的印度进口商。

因此，中资公司与印度公司开展贸易合作时，应特别注意以下几点：

一是积极签订购销合同，避免模糊条款。中国一些贸易公司在与印度公司做生意时，经常在未签订或粗略签订购销合同的情况下，在仅收到低比例的预付款或未收预付款的情况下就发货，频频出现被印度进口商欺诈的情况。中国公司要增强自我保护意识，要求双方签订购销合同，事先就付款条件、争议解决条款等进行明确约定，如果发生争议时，可以最大限度地保护自己利益。

二是规避风险，选择银行信用证（L/C）支付方式。印度进口商在选择支付方式时，经常采用 T/T 或 D/P，而较少采用 L/C 付款方式。为规避收汇风险，中资企业应尽量要求对方接受 L/C 即期付款方式。如果印商坚决不同意，则最好采用 T/T Advanced 付款方式。中资企业自印度进口商品时，最好也采用 L/C 即期付款方式，以避免出现付款后无法按约定条件收到进口货物的情况。

三是防范网络风险和诈骗。近年来，有多家中印企业报告付款人按照收款人邮件指示付款后，对方未收到货款的案例。经公安机关介入，发现收款人邮箱被黑客侵入，伪造收款人的邮件地址向付款人发送错误的银行账户名称。由于网络犯罪的隐蔽性，货款一旦汇出将很难被追回。建议中资企业在收到对方邮件发来的付款信息时，应事先通过其他途径核实账户信息的准确性，避免货款损失。

四是重视调查印度企业信誉。印度个别信誉不佳企业经常实施欺诈。

具体表现为：当中国货物抵达港口后，以各种理由不按时提货。而根据印度海关规定，货物抵港后在规定期限内无货主提货，则该货物将被海关没收并拍卖。在中资企业货物被海关没收后，印商往往再以低价从海关将货物购回。这往往使中资企业财物两空。中资企业应高度重视对印商的信誉调查。

### 2. 相关案例

2015 年 10 月，中国南京某公司向印度某公司出口 4 个货柜，货值约 12 万美元，付款方式为见到正本出货文件付款。货物到港后，印方以各种理由拒绝提货付款并进行恶意压价。迫于不断增长的港口费用，中国公司无奈接受印方条件，将商品单价由 2.455 美元/千克降为 1.9 美元/千克。经中国驻印度大使馆与印度公司沟通，后者已支付大部分欠款，尚有部分余款正在处理之中。中国驻印度大使馆建议如出现这种情况，首先要与客户积极协商，争取达成一致；其次可向印度海关提交客户无正当理由拒不付款的证据，请求海关允许退运货物。为此，提醒中资企业在向印度出口货物时：一是进行客户资信调查，签订贸易合同时，就付款条款、争议解决条款进行详细约定，切实保护好自身权益，切不可为了促成交易做出盲目让步；二是注意预付款比例不宜过低；三是保留好相关证据，包括拒不付款证据等。

### （三）工程承包方面

#### 1. 注意事项

印度基础设施较落后，工程建设市场潜力巨大，同时风险也较大，可谓机遇和挑战并存。中国企业需要注意以下几点：

一要规避注册、签证等风险。根据印度法律，外国公司只有注册项目公司才能实施工程项目。但对于中国承包商而言，注册项目公司是一个很大的难点，须经过印度储备银行（央行）、财政部和内政部等层层审批，历时可达半年至一年之久。因此，项目公司的注册成功和及时对于中国企业承揽印度工程至关重要。另外，印度土地私有制导致征地极为困难，而且一些印度工人缺乏必要技能，施工效率较低，导致项目工期经常拖延。此外，还有签证风险、汇率风险等。

二要本地化经营。中资企业在中标印度工程后，应合理安排劳动力资源，建议将一些基础性工作转包给当地劳务公司，这样可以减少因中方人员难以取得入境签证而影响工程进度的情况，也可以扬长避短、节约成本。

三要谨慎承揽 EPC 总承包项目。鉴于中方人员取得工作签证难度大等原因，对于需要中方派遣大量施工人员的项目，应高度谨慎，以免签订承包合同后，因人员缺乏而影响施工进度和质量，进而造成严重的经济损失。此外，EPC 项目需要在印度设立项目办公室，方可开设该项目外汇账户，办理相关业务。但该程序报经部门涉及外交部、财政部、内政部及储备银行（央行）等多个部门，耗时长达半年至一年，且非可控因素较多，极大增加了企业的各项成本。

**2. 懂得与媒体打交道**

印度媒体众多，竞争激烈，新闻报道社会影响力较大。在印度投资经营应懂得利用当地媒体为企业发展服务，同时做好危机公关预案，避免企业声誉遭受损害。

一要保持低调。目前，印度国内仍有一部分人对来自中国的投资持怀疑和戒备态度，因此，到印度投资的企业应适当保持低调，慎重对外宣传。接受采访时应由企业公关部门统一发声，避免因言语失误导致媒体片面、夸大或不实报道。

二要建立良好的媒体关系。有选择地与当地媒体特别是客观中立、对中国相对友好的媒体建立长期联系。当企业遇到重大事项时，应提前与有关媒体沟通协调，保证媒体信息准确公正。企业如遭到不实攻击时，也可以考虑主动联系当地媒体，澄清事实。

## （四）劳务合作方面

印度劳工保护法规严苛，使印度劳动力市场灵活性与合理性在全球主要投资热点国家和地区中排名靠后。中资企业要充分了解印度员工的文化差异和当地劳工法规。印度是劳务输出大国，有丰富的普通劳动力资源，在劳务输入方面有较严格的限制。政府鼓励使用当地劳工，虽然没有明文规定不准外籍劳工进入印度，但在办理签证时会加以限制。目前，中资企业赴印度的工程技术人员很难申请到工作签证，普通劳工更是无法入境，工作签证申请耗时较长且极难获得批准。鉴于签证和费用等问题，中资企业在向印度派遣劳务时务必高度谨慎。

## （五）风险防范

在印度开展投资、进行贸易、承包工程和进行劳务合作的过程中，要注意汇兑和利润汇出风险及政策风险等，要特别注意事前调查、分析、评估相关风险，事中做好风险规避和管理工作，切实保障自身利益。包括对项目或贸易客户及相关方的资信调查和评估，分析和规避项目所在地的政治风险和商业风险，分析项目本身实施的可行性等。

企业应积极利用保险、担保、银行等保险金融机构和其他专业风险管理机构的相关业务保障自身利益，包括有关贸易、投资、承包工程和劳务类信用保险、财产保险、人身安全保险等，银行的保理业务和福费庭业务，各类担保业务（政府担保、商业担保、保函）等。建议企业在开展对外投资合作过程中使用中国政策性保险机构——中国出口信用保险公司[①]提供的包括政治风险、商业风险在内的信用风险保障产品；也可使用中国进出口银行等政策性银行提供的商业担保服务。

另外，印度部分地区宗教冲突和恐怖活动时有发生，每年都造成较多人员伤亡。同时，到印度旅游、经商和访问的中国公民随身携带的护照和财物丢失或被盗现象时有发生。还有的人因旅费不足而无法回国。旅居印度的中国公民在遇到困难时，可拨打中国驻印度使馆值班电话：0091-11-2611 2345。

## （六）建立和谐关系

### 1. 处理好与政府和议会的关系

中资企业要在印度建立积极和谐的公共关系，应当做到以下四个方面（见图1-5）。

---

① 中国出口信用保险公司是由国家出资设立、支持中国对外经济贸易发展与合作、具有独立法人地位的国有政策性保险公司，是我国唯一承办政策性出口信用保险业务的金融机构。该公司支持企业对外投资合作的保险产品包括短期出口信用保险、中长期出口信用保险、海外投资保险和融资等，对因投资所在国（地区）发生的国有化征收、汇兑限制、战争及政治暴乱、违约等政治风险造成的经济损失提供风险保障。如果在没有有效规避风险情况下发生了风险损失，也要根据损失情况尽快通过自身或相关手段追偿损失。通过信用保险机构承保的业务，则由信用保险机构定损核赔、补偿风险损失，相关机构协助信用保险机构追偿。

| 了解 | 关注 | 沟通 | 问候 |
|---|---|---|---|
| 了解中央政府和地方政府的相关职责，了解议会各专业委员会的职责和其关注的焦点 | 积极关注印度政局变换，尤其关注新政府经济政策走向，同时对议会关心的焦点和热点问题给予关注 | 与所在辖区议员尤其是对经济、产业和就业事务有影响力的议员保持沟通，反映企业发展中遇到的问题和困难 | 每逢印度重要节日，主动拜会辖区内重要议员或政府官员，向他们表达节日问候，以示尊重和重视 |

图 1-5　建立和谐公共关系的四要素

**2. 妥善处理与工会的关系**

印度涉及劳工权益的法律条文众多。例如，涉及工作条件的《1948 年工厂法》《1970 年合同法（监管和废除）》《1951 年农场劳工法》和《1952 年采矿法》；涉及工资和劳务报酬的《1948 年最低工资法》和《1936 年工资支付法》；涉及劳资关系的《1947 年劳资纠纷法》和《1946 年工业就业法》；涉及社会安全和工人福利的《1948 年雇员国家保险法》《1952 年雇员公积金法》《1972 年退职金支付法》《1923 年工人赔偿金法》；其他相关法规《1926 年工会法》《1942 年每周假日法》《1959 年雇员交流法（空缺岗位强制通报）》《1961 年学徒法》《1961 年机动车运输工人法》《1965 年奖金支付法》《1966 年小烟卷和雪茄工人法（雇用条件）》《1976 年促销员法（服务条件）》《1979 年跨邦工人法（雇用监管和服务条件）》《1983 年移民法》《1983 年危险机械（监管）法》《1986 年码头工人法（安全、健康和福利）》和《1996 年建筑工人法（雇用监管和服务条件）》等。

此外，印度工会组织数量众多，企业内、行业内、区域性、全国性罢工频繁、形式多样，当地高级雇员维权意识强、跳槽现象普遍。印度目前还没有专门针对中资企业的罢工情况，劳资纠纷升级为暴力冲突的现象并不普遍，但可能因此造成的工期延误、经营停顿等问题应引起高度重视。

中资企业应慎重对待在印度的劳资关系，主要应做到以下六个方面。

一是知法。印度涉及劳工权益的法律条文众多，中资企业应全面了解主要法规和地方配套政策。

二是守法。要严格遵守印度关于雇用、解聘、社会保障、工作条件、工资福利等方面的规定，依法签订雇用合同，按时足额发放工资，缴纳各项保险等。

三是关注工会组织。工会组织在印度企业普遍存在，企业应认真了解所在地工会组织的发展、活动开展情况，掌握工会组织的活动特点，积累与工会组织沟通和谈判的技巧。

四是尊重员工宗教传统。印度几乎人人都有宗教信仰，宗教节日、礼节也比较繁杂，企业应适当了解相关知识，尊重员工的宗教信仰，逢重要宗教节日一般不能要求员工加班。

五是借助中介机构力量。可考虑通过当地有资质、信誉好的专业人力资源机构与印度雇员签订劳动合同，并委托其代理工资发放、雇员培训等工作，减少企业法律风险。

六是雇用当地人力资源主管。当地人力资源人士对劳工法规、工会情况更加熟悉，处理相应事务经验丰富、人脉广。企业可考虑雇用相关专业大学毕业生自行加以培养，或高薪聘请其他在印外资企业人力资源经理。

### 3. 学会和执法人员打交道

中国企业相关人员要学会与执法者打交道，积极配合他们执行公务，应当做到以下六个方面（见图1-6）。

| 了解当地法规 | 携带证件 | 配合检查 | 合理要求 | 主动加强沟通 | 借助中介机构与合作伙伴的力量 |
|---|---|---|---|---|---|
| 中资企业要建立健全依法经商的管理制度、聘请律师对员工进行普法教育，让员工了解在印度工作、生活的法律常识和应对措施，做到知法守法，合理应对 | 中方人员出门要随身携带证件，应主动出示证件，回答问题；如未带证件也不要恐惧、逃避，更不要逃跑，而要说明身份，或联系公司其他人员。此外，营业执照、纳税证明等重要文件要妥善保管 | 遇检查人员查验证件，应主动出示证件，回答问题；如未带证件也不要恐惧、逃避，更不要逃跑，而要说明身份，或联系公司其他人员 | 遇到执法人员搜查公司或住所，应要求其出示证件和搜查证明，并要求与企业律师联系，同时报告中国驻印度大使馆(经商处)；遇到证件或财务被执法人员没收的情况，应要求执法人员保护中方商业秘密；出具没收单据，并记下执法人员警号、车号；缴纳罚款需要索要单据 | 与地方执法部门、执法人员建立良好沟通渠道和长期友谊，重大节日可考虑主动预约拜访，陈述守法、合作的意愿，传递友好信号 | 为加强沟通效率，可考虑聘请专业清关公司、公关公司、会计师事务所、律师事务所等中介机构处理海关、税务、法务事宜，或与业主、总包商、分包商、合资方等合作伙伴约定由其处理此类事务 |

图1-6　配合执法的六要素

# 第二篇

## 巴基斯坦

# ▷一、中国与巴基斯坦经贸合作概况

中国和巴基斯坦是山水相依的友好邻邦，两国人民的传统友谊源远流长。两国自 1951 年 5 月 21 日建交以来，交往密切，友好合作关系经受了国际和国内的风云变幻，堪称不同社会制度国家间关系的典范。在国际事务中，两国互相支持，积极配合，成为维护亚洲地区和平与稳定的重要因素。两国在各个领域的互利合作关系不断发展，习近平主席在 2013 年评价两国关系为"铁杆朋友和全天候战略合作伙伴"。

中巴贸易有一定互补性，合作空间和潜力较大。近年来，双边贸易虽飞速发展，但却表现出增长乏力、巴方贸易逆差增大以及中巴贸易结构逐渐变化等特点。目前，中国是巴基斯坦第一大贸易伙伴，并在 2015/2016 财年首次成为其第一大进口来源地，同时还是其第二大出口目的地。中国对巴基斯坦的出口商品日趋多样化，机电产品所占比重逐年增加，但中国自巴基斯坦进口的商品种类变化不大，仍以原材料等初级产品为主。中国对巴基斯坦的主要出口商品为电机电气、锅炉、机械设备、钢铁及其制品、化学纤维、有机化学品、塑料制品等。巴基斯坦对华主要出口商品为棉纱、纺织品、谷物、矿砂等初级制品等。其中，棉纱、谷物和矿砂等产品长期占据对华出口前三位，占比分别约为 60%、10% 和 6%。近年来，随着双边贸易规模的扩大，贸易纠纷也呈上升趋势，中资企业应高度重视。

## ▷二、巴基斯坦对外国投资合作的相关政策及法律法规简介

### （一）巴基斯坦外贸政策及规定

#### 1. 主管部门

巴基斯坦贸易主管部门是巴基斯坦商务部，其愿景是通过贸易自由化和便利化提高本国出口竞争力，降低营商成本，为国民经济做出贡献；其目标是通过提高巴基斯坦产品在现有市场和新市场的市场准入标准，以改善巴基斯坦人民的生活质量；其主要职责包括：国内外贸易管理和政策制定、出口促进、公平贸易（反倾销等）、多双边贸易协议谈判、商协会组织和监管、保险行业监管等。

巴基斯坦国家银行负责金融体系监管、外汇管制和货币发行。巴基斯坦财政部下属联邦税收委员会负责关税制定、关税征收、海关监管等。

近年来，巴基斯坦政府不断改善投资环境，出台优惠政策，深化体制机制改革，促进投资便利化，推广特殊经济区建设，希望通过吸引外资为国家经济发展提供动力。在巴基斯坦政府政策支持下，联邦税务局通过加强海关电子申报系统的整合，减少进出口清关所需文件，加强实施有效的海关监管，为合规贸易提供更多便利，在边境贸易中发挥积极作用。巴基斯坦的跨境贸易指数排名上升了 31 位，从第 142 位跃升至第 111 位；随着跨境贸易指数的攀升，巴基斯坦在世界银行 2020 年营商便利化指数的排名跃升了 28 位，从第 136 位上升到第 108 位，并成为 2019 年度在改善营商便利性方面做出最多努力的十个国家之一。为了进一步提升巴基斯坦在跨境贸易中的排名，巴联邦税务局正在完成区域边境服务改善计划（RIBS）和巴基斯坦单一窗口计划，以改善过境贸易设施，进一步促进边境贸易便利化。

#### 2. 贸易法规体系

巴基斯坦与贸易相关的主要法律法规有《公司法》《贸易组织法》《贸

易垄断与限制法》《海关法》《反倾销法》《反囤积法》等。

### 3. 贸易管理的相关规定

巴基斯坦政府将出口产品分为禁止类、限制类、限价类和一般类。其中部分禁止类商品出口需要获得相关政府主管部门的许可；限制类商品的出口须符合政府规定的相关要求。由于走私活动猖獗，巴基斯坦对向阿富汗出口管理相当严格，专门出台法规予以规范。进口产品分为禁止类、限制类和一般类。其中禁止类商品包括违反伊斯兰教教义的相关商品等十几大类；限制类商品的进口需要符合政府规定的相关要求。在巴基斯坦从事贸易除遵守有关现行法律外，还应密切关注政府每财年初发布的新财年贸易政策，以获取最新规定及最新商品关税税率等信息。

### 4. 进出口商品检验检疫

巴基斯坦动植物进出口检验检疫由巴基斯坦食品安全部负责，主要依据的法律有《巴基斯坦动物（进出口动物及制品）检疫法》和《巴基斯坦植物检疫法》。

一是动物检疫。巴基斯坦食品安全部下属动物检疫司负责动物检疫工作。凡进口商进口家禽、牛羊肉、奶制品和动物源饲料均需向该司申请动物检疫，在获得相关检疫证书后方可进口。

二是植物检疫。巴基斯坦食品安全部下属植物保护司负责植物检疫工作。对大米、小麦、面粉、谷物、水果、蔬菜、植物种子、棉花等商品实施进出口法定检疫，并颁发相关检疫证书。

## （二）外国投资的相关规定

### 1. 主管部门

巴基斯坦投资部是联邦政府负责投资事务的部门，下设的职能部门投资委员会（BOI）主要职责包括在投资商与其他政府部门之间发挥联络和纽带作用；建立投资对接数据库，提供投资商所需的必要信息和咨询服务。巴基斯坦投资委员会在各省均有分支机构。

### 2. 外国投资准入政策

巴基斯坦所有经济领域向外资开放，外国投资者同本国投资者享有同等待遇，没有最低投资金额方面的限制。除了涉及国家安全和国民安全的几个特别的限制性行业之外，外国投资者可以在巴基斯坦投资所有行业，开展商业活动。这些限制性行业包括武器和军火，烈性炸药，放射性物品，证券股票、现金及造币，酒类生产（工业酒精除外）。此外，由于巴基斯坦是伊斯兰国家，外国企业不得在当地从事夜总会、歌舞厅、电影院、按摩、洗浴等娱乐休闲经营活动。

除了个别行业外，外国投资者在巴基斯坦设立的公司可以拥有100%的股权。这些特定行业包括航空、银行以及媒体，这几个行业的外国资本占比不能高于50%。另外，外国资本在工程建造行业中不高于70%，在农业领域中不高于60%①。

巴基斯坦政府支持鼓励外国的间接投资。

巴基斯坦保护和促进外国投资的法规条例如下：《1976年外国私人投资（促进和保护）法》《1992年经济改革保护法》《2013年投资政策》《外国投资策略（2013—2017）》。《2013年投资政策》是吸引外国投资的全面框架，主要原则是：通过促进市场准入降低在巴经商成本；通过一条龙办理和简化规则优化经商流程；打造产业集群和设立特别经济区促进经商环境；贸易、工业以及货币政策的联动。例如，《外国投资策略（2013—2017）》就是促进公共部门和私人部门合作的框架，其目标是吸引私人投资②。

巴基斯坦有一个开放的准入体系，不需要对进入者进行预先筛选和批准。但外国公司必须符合《1984年公司条例》所规定的公司注册条件。符合巴基斯坦《1984年公司条例》《2010年竞争法案》及巴基斯坦相关法律的外国企业投资时不需要另行申请批准，但是，由巴基斯坦证券和交易委员会（SECP）及巴基斯坦国家银行管控的银行业、金融业、保险业不在此列。

### 3. 投资方式

外商可以采取绿地投资或者并购等方式在巴基斯坦投资，有关公司注册管理及上市等工作均由巴基斯坦证券与交易委员会负责。巴基斯坦对外国自然人在当地开展投资合作并未另行规定，自然人可以通过独资（Sole Proprietorship）、合伙（Partnership）或成立公司（Company）的方式进行投资合作，并遵守相关法律规定。

---

① 见巴基斯坦商务部官方网站文件"HOW TO DO BUSINESS IN PAKISTAN? Trade & Investment Guide"（https://www.commerce.gov.pk/wp-content/uploads/2021/01/How-to-do-business-in-Pakistan.pdf）。

② 见巴基斯坦商务部官网文件（https://www.commerce.gov.pk/wp-content/uploads/2018/10/Trade-Related-Investment-Policy-Framework-2015-23.pdf）。

外国企业并购在巴基斯坦企业需向巴基斯坦竞争委员会提交申请，涉及外资并购的主要法律有：《1947 年外汇管制法》《1976 年外国私人投资（促进与保护）法》《1992 年经济改革保护法》《1997 年公司（法院）规则》《2001 年私有化委员会法》《2017 年公司法案》以及相关的投资政策和私有化政策等，其中涉及外资并购安全、国有企业投资并购、反垄断、经营者集中的法律主要是《2010 年竞争法》。

**4. 投资政策概览**

表 2-1 为投资政策概览表。

表 2-1　投资政策概览表

| 政策 | 制造业 | 非制造业 | | |
|---|---|---|---|---|
| | | 农业 | 基础设施和社会 | 服务业[c]、IT 和电信 |
| 政府许可 | 特殊行业[a] | 无限制 | | |
| 资本、利润、股息等 | 允许 | 允许 | | |
| 允许的外资上限 | 100% | 100%[b]<br>60：40c | 100% | 100%<br>49%[d] |
| 工厂、机械和设备的进口关税 | 5% | 0 | 5% | 0~5% |
| 税收减免（初始折旧准备金，占 PME * 成本的百分比） | 25% | 25% | | |
| 特许使用费及技术费 | 无限制 | 根据《2020 年外汇手册》的规定 | | |

注：a. 特殊行业包括武器和军火，烈性炸药，放射性物品，证券股票、现金及造币，酒类生产（工业酒精除外）；

　　b. 仅限农业耕作企业；

　　c. 非农业耕作企业（允许外资占比 60%）；

　　d. 金融业及航空业。

资料来源：巴基斯坦外国投资委员会官网。

## （三）税收体系和制度

### 1. 主管部门

财政部（MOF）负责制定税收政策，而联邦税务局（FBR）负责管理税收。《2001 年所得税条例》是税收的主要法律依据。巴基斯坦税收分为联邦税（国税）及省税（地税），其中联邦税收收入约占全国税收总收入的90%左右。联邦税由联邦税务局（FBR）主管，下设国内税务局（Inland Revenue）、关税局（Customs）、纳税人审计局（Taxpayer Audit）等分支机构。其中国内税务局（负责征收所得税、销售税和联邦消费税）在巴基斯坦设有3个大税局（Large Taxpayer Unit，设在卡拉奇、拉合尔和伊斯兰堡）和18个地区税收办公室（Regional Tax Office），关税局在全国设有25个分支机构。省税由地方税务局和财政部门主管，除少部分上缴联邦政府外，其余作为各省自有发展资金。AJ&K地区在宪法上不属于联邦，故在AJ&K理事会（AJ&K Council）下设AJ&K内陆税务局（Inland Revenue Department of AJ&K）收缴所得税、销售税及其他地税。该税务局同时受联邦税务局管理，国税税收中有一定比例归AJ&K政府所有，其余上缴联邦政府。

**2. 税法法律体系**

主要包括：《2001年所得税条例》《2002年所得税规则》《1990年销售税法案》《2005年联邦消费税法案》《2011年信德省服务销售税法案》《2012年旁遮普省服务销售税法案》，以及其他省级服务销售税条例等。

除此之外，巴基斯坦经济协调委员会（ECC）也可通过特别法令（SROs）的形式对特定纳税人或群体进行税务减免，这类减免的效力在税法之上。

**3. 主要税赋和税率**

一是企业所得税。课税范围包括经营所得、租金所得、资本利得、工资所得及其他来源所得。2014财年之前税率为35%，之后每财年递减1%，2018财年之后固定为30%。对居民实体和在巴基斯坦具有常设机构（PE）的非居民实体，一般征收方式基于净应纳税所得，应对PE成本费用及境外总部分摊费用进行抵扣。非居民企业对来自建筑、安装和类似规定项目的所得可自选最终纳税机制，即按总收入的固定比例缴纳税款，不再做其他扣除。

二是销售税。巴基斯坦联邦政府在20世纪90年代取消增值税，改设销售税。自2008年7月起，销售税税率为16%~21%。进口商品和巴基斯坦本国生产的商品均需缴纳销售税，部分商品免征销售税，主要是计算机软件、药品、未加工农产品等。其中，绝大部分商品销售税率为16%，称为普通销售税（GST）。

三是联邦消费税。进口商品和巴基斯坦本国生产的商品及保险、广告、邮件快递、会计等服务均需缴纳消费税。税率为5%~100%（具体税率随该国每一财年财政预算方案浮动），其中，通信服务税率为20%，银行、保险服务税率为10%。部分商品和服务免征联邦消费税。

四是关税。大部分商品关税税率为5%~35%，可登录巴基斯坦联邦税收委员会网站（www.fbr.gov.pk）查询。中巴自贸协定第二阶段议定书于2019年12月1日生效，双方对各自税目总数75%的产品实施零关税，对各自税目数比例5%的其他产品实施20%的部分降税。有关降税清单商品和税率可登录网站http://fta.mofcom.gov.cn/查询。

**4．税收激励措施**

巴基斯坦政府鼓励企业在国内开展业务，它提供的许多税收优惠旨在增加国内经济活动，并吸引外国投资者来投资。考虑到这一点，政府颁布了新的税收制度，即从2019年起，小企业的税率将逐年降低，具体税率如表2-2所示。

表2-2　税率一览表

| 公司/税务类型 | 税率/% |
|---|---|
| 银行业 | 35 |
| 股份上市公司（不包括银行） | 29 |
| 其他公司 | 29 |
| 小微企业 | 23（2023年之前每年递减1%） |
| 商品服务税（销售税/增值税） | 17 |
| 销售税（服务业） | 16 |
| 关税 | 0~20（不包括汽车项目） |
| 联邦消费税 | 0~16（仅限特别项目） |

资料来源：巴基斯坦联邦税收委员会。

**5．特别经济区的财政激励①**

对开发者一次性免除用于特别经济区建设发展及维护的设备与机器的进口关税和税务。

对与经济特区发展和经营有关的营收所得税，5年内免征一切税收；自签署开发协议之日起生效。

对企业一次性免除在特别经济区安装与使用的设备与机器的进口关税

---

① 根据巴基斯坦投资委员会官网信息汇总。

和税务；对 2020 年 6 月 30 日之后开始生产活动的企业免除其 5 年的所得税，在此之前的是免除 10 年。

其他激励包括：

计划在 5 年内将除银行公司外的公司税率从 30% 降至 25%，2019 财年税率为 29%（通过《2018 年金融法案》执行，2018 年 7 月 1 日起适用）。

对于搬迁而来的企业购置的进口机器设备收取 10% 的关税。

企业所得税减免，对在特定农村和欠发达地区第一年经营的工业企业，发放投资补贴。

对发电项目免征所得税。对 IT 支持服务的出口收入免征所得税。

外商直接投资工业企业的企业所得税降至 20%。

### （四）巴基斯坦环境保护法律法规概述

#### 1. 环保管理部门

巴基斯坦环保管理部门为环境部。环境部根据巴基斯坦环境保护法制定相关环保政策。环境部下设环境保护局（网址为 www.environment.gov.pk），环保局与各省环境部门具体负责环保法规的实施，并为环保部法规制定提供技术支持。

#### 2. 有关环保的主要法律法规

国际环境管理体系，如 ISO 1400：2014 在巴基斯坦适用，这在《1997 年环境保护法》关于工业生产限制有具体条款。巴基斯坦建立了以《1997 年环境保护法》为核心的较为完善的环保法规和制度体系，主要包括《国家环境质量标准》（包括工业自我监督和报告制、环境实验室证书、环境空气、饮用水、噪音、汽车尾气和噪音等一系列标准），省级可持续发展基金委员会制度，工业污染费（计算与征收）制度，国家饮用水、环境、拆迁、污水政策，清洁发展机制国家战略，清洁空气项目，环境影响评估程序，各具体行业环境指导项目和检查清单等。具体内容可在 www.environment.gov.pk/info.htm 和 www.moenv.gov.pk/查询。

#### 3. 环保法律法规基本要点

（1）环境保护法规的主要内容

土壤保持。促进有机农业；防止土地退化；综合防治病虫害，防止滥施化学肥料、农药；实施《国家抵制土地沙化和风化行动计划》；建立国家控制沙化基金；鼓励发展生态和谐的农作物体系。

森林保护。实施森林保护政策；保护残存和特殊森林生态系统；鼓励保持及恢复濒危生态系统；以天然气、太阳能、小水电等形式替代木材燃烧；加强对现有森林的研究，增加科技人员力量。

大气污染防治。制定并实施室内外空气质量标准；依法保证降低有害物质排放；提升燃料规格；淘汰两冲程机动车；提高主要城市间公共交通效率；发展市区内非机动车交通；鼓励保护臭氧的先进技术；加快国家大气保护立法工作。

水体保护。增加供水和水处理装置；建立水质监控体系；提升城乡雨水利用的科技水平；鼓励干旱、半干旱地区重填地下水；完善用水计量制，避免工业用水和城市用水混杂；监控流入海洋的淡水；建立地表水体划分标准；实施水体清洁水质升级阶段性计划；加快《水体保持法》立法和有关标准制定工作。

（2）污染事故处理或赔偿标准

可处最高 100 万巴基斯坦卢比罚款，事故危害期间可并处每天 10 万巴基斯坦卢比罚款；有此类犯罪前科的，可并处 2 年以下有期徒刑；关停工厂、收缴其设备等；强令其赔偿受害人损失，恢复环境等。如果是企业法人环境保护的法律规定，该违法行为的责任人会被认定为该法人机构的主管人员并对其法人团体进行处罚。

**4. 环保评估的相关规定**

巴基斯坦制定了较为完整的环境影响评估（EIA）程序，将环保评估（简称环评）列为对发展项目进行审批的先决条件，并对总体做法做了详细规定，其中包含公共咨询、敏感特殊地区、大型火电项目、化工制造企业、房间和城市发展、工业、道路、废物排放、油气勘探生产等行业的具体环评方法。环评工作由巴基斯坦应对气候变化部下属的环境保护局及各省环境部门负责具体执行。环评申请由企业根据不同行业要求向执行部门直接提交，申请环评费用和时间视行业情况有所不同。具体评估内容和手续、费用、时间等可登录网站 www.environment.gov.pk/desc.php？page＝polices 查询。

环境保护局联系方式如下：

电话：0092－51－9250858

传真：0092－51－9250715

地点：Pak-EPA, Plot # 42, Street # 06, H-8/2, Islamabad

## （五）巴基斯坦反对商业贿赂的法律规定

巴基斯坦目前尚无专门的反商业贿赂法，但在其他法律中直接或间接涉及对商业贿赂的规定和处罚。

《1860 年刑法典》：主要规定对人身、财产及国家犯罪行为的处罚。

《1947 年反腐败法》：主要规定公务员受贿等腐败行为的处罚。

《1974 年联邦调查法》：根据该法案成立了联邦调查署（FIA），其重要职能之一就是调查"白领犯罪"、贿赂和腐败，并设有专门法庭。

《1999 年国家问责法令》：主要处罚收受佣金或回扣的非法行为，以及追讨没收被公务员私分或侵占的公共资金。腐败行为包括敲诈、勒索、索贿、受贿、滥用权力和洗钱等。最高处以 14 年监禁，监禁期间附带高强度劳动，并处罚金或没收财产。

## （六）巴基斯坦对外国公司承包当地工程的规定

### 1. 许可制度

巴基斯坦承包工程市场管理相对宽松，外国承包工程企业进入巴基斯坦市场只需在巴基斯坦工程理事会（PEC）注册即可，原则上允许外国自然人在当地承揽工程承包项目。外国公司在当地投资或承包工程，需开设美元账户，并提供抵押或由银行认可的实体机构提供担保，然后需提供现金流文件、财务报表及其他证明公司资质、信用的相关文件。

### 2. 禁止领域

除非获政府特殊批准，外国承包商在巴基斯坦不可承揽涉及武器、高强炸药、放射性物质、证券印制和造币、酒类生产（工业酒精除外）等领域的工程项目。

### 3. 招标方式

在大型项目建设和管理上，巴基斯坦政府和相关部门多聘请欧美发达国家的公司作为项目咨询，使用和借鉴西方国家的技术标准与项目管理机制，运作比较规范。巴基斯坦法律规定，大型项目应采用国际公开招标方式确定承包商，以 EPC（"设计+采购+施工"总承包）、PMC（项目管理承包）和带资承包方式实施的项目比例逐年提高。此外，政府积极鼓励投资者通过 BOT①（建设、经营、移交）、BOOT②（建设、拥有、经营、转让）和 PPP③（公私合营）等模式参与项目建设。

### （七）巴基斯坦有关知识产权保护的规定

#### 1. 知识产权保护的主管部门

为加强对国家知识产权的有效保护，2005 年，巴基斯坦政府成立了知识产权组织（IPO-P），由总理领导的内阁亲自指导。巴基斯坦知识产权组织此后不断加大立法和执法力度，知识产权保护状况有较大改善。2015 年，巴基斯坦商务部发布了《2015—2018 年战略贸易政策框架》，参考多国做法，在商务部内增设知识产权部门，促进市场化和可交易的知识产品的创新和生产。巴基斯坦知识产权组织划归巴商务部管理。

巴基斯坦知识产权组织的职能主要有：

①管理和协调政府关于知识产权保护的系统；

②管理国家设立的知识产权机构；

③提高国家的知识产权保护意识；

④向联邦政府建议相关知识产权保护政策；

⑤通过指定的知识产权保护执法机构，对知识产权进行有效保护。

#### 2. 有关知识产权保护的法律法规

巴基斯坦知识产权立法体系包括《商标法》《专利法》《设计法》《版权法》《集成电路法》等，以及与上述法律相关的实施细则等。具体法规可访问巴基斯坦知识产权组织网站：www.ipo.gov.pk。

#### 3. 知识产权侵权的相关处罚规定

一是商标。对非法使用已注册商标的，或提供伪造文件和材料进行注册的，处 3 个月以上 2 年以下有期徒刑，并处或者单处 5 万巴基斯坦卢比以上的罚款；两次非法使用已注册商标的，处半年以上 3 年以下有期徒刑，并处或者单处 10 万巴基斯坦卢比以上的罚款；对将非注册商标冒充注册商

---

① BOT 模式有时被称为"暂时私有化"过程，私人投资者根据东道国政府或政府机构的特许协议以自己的名义从事授权项目的设计、融资、建设及经营。私人投资者对于项目没有所有权，期满后将设施经营权无偿移交给东道国政府。

② BOOT 模式则是私人合伙或某国际财团融资建设项目，项目建成后在规定的期限内拥有所有权并进行经营，期满后将项目移交给政府。

③ PPP 模式指政府与社会资本合作建设公共基础设施，达成特许权协议，形成"利益共享、风险共担、全程合作"的伙伴合作关系。

标的，处 1 个月以上半年以下有期徒刑，并处或者单处 2 万巴基斯坦卢比罚款。

二是专利。对提供伪造文件和材料进行注册的，或者专利涉及军事机密的，或者未经本国政府许可在国外申请专利的，处 2 年以下有期徒刑，并处或者单处 2 万巴基斯坦卢比以下的罚款；对举报不实者，处 5 000 巴基斯坦卢比以下的罚款；对未注册的专利代理人，首次处 2.5 万巴基斯坦卢比罚款，其后每次处 10 万巴基斯坦卢比罚款；对将非专利产品冒充专利产品的，处 5 000 巴基斯坦卢比以下罚款。

三是设计。对非法使用已注册设计的，或者提供伪造文件和材料进行注册的，处 2 年以下有期徒刑，并处或者单处 2 万巴基斯坦卢比以下的罚款；对将非注册设计冒充注册设计的，处 1 000 巴基斯坦卢比的罚款。

四是版权。未经著作权人许可，以改编、翻译等方式使用作品的，或者制作、出售盗版音像产品的，处 3 年以下有期徒刑，并处或者单处 10 万巴基斯坦卢比的罚款；提供虚假材料注册版权的，或者制作、出售假冒他人署名的作品的，处 2 年以下有期徒刑，并处或者单处 10 万巴基斯坦卢比的罚款。

## （八）巴基斯坦对中国企业投资合作的保护政策

### 1. 中国与巴基斯坦签署双边投资保护协定

1989 年 2 月，中巴双方签署《双边投资保护协定》。2006 年 11 月，双方签署的《自由贸易协定》也对双边投资保护做出了明确规定。2008 年 10 月，双方签署《自贸协定补充议定书》，巴方专门给予中巴投资区 12 条优惠政策。2019 年 4 月第二届"一带一路"国际合作高峰论坛期间正式签署中巴自贸协定第二阶段议定书。2019 年 12 月 1 日，中巴自贸协定第二阶段议定书正式生效。中方对巴方重点关注的棉纱、皮革、服装、水产品、坚果等出口优势产品实施关税减免；巴方则对中方重点关注的机电、家具、纺织、磷肥、玻璃制品、汽车及摩托车零部件等出口优势产品实施关税减免。

### 2. 中国与巴基斯坦签署避免双重征税协定

中国与巴基斯坦于 1989 年签订税收协定。截至 2016 年年底，中国与巴基斯坦共签署了三次议定书，对中巴税收协定进行了进一步的修订。中巴税收协定主要就所得税领域的避免双重征税和防止跨国逃避税等方面进行了规定。具体如下：

1989 年 11 月 15 日，双方签署《中华人民共和国政府和巴基斯坦伊斯兰共和国政府关于对所得避免双重征税和防止偷漏税的协定》。

2000 年 6 月 19 日，双方签署《中华人民共和国政府和巴基斯坦伊斯兰共和国政府关于对所得避免双重征税和防止偷漏税的协定的议定书》。

2007 年 4 月 17 日，双方签署《〈中华人民共和国政府和巴基斯坦伊斯兰共和国政府关于对所得避免双重征税和防止偷漏税的协定〉第二议定书》。

2016 年 12 月 8 日，双方签署《〈中华人民共和国政府和巴基斯坦伊斯兰共和国政府关于对所得避免双重征税和防止偷漏税的协定〉第三议定书》。

根据上述规定，中国有关银行和丝路基金为《中巴经济走廊能源项目合作的协议》所列项目提供贷款取得的利息在巴基斯坦免征所得税。

### 3. 中国与巴基斯坦签署的其他协定

中巴两国签署的其他主要双边经贸协定有：2005 年 4 月签订的《海关事务合作与互助协定》、2006 年 2 月签订的《能源领域合作框架协议》和《扩大和深化双边经济贸易合作的协定》、2006 年 11 月签订的《中巴经贸合作五年发展规划》和《中巴自由贸易协定》、2007 年签署的《矿产领域合作框架协议》、2009 年 2 月签署的《中巴自贸区服务贸易协定》、2011 年 12 月续签的《中巴经贸合作五年发展规划》和 2019 年 4 月签署的《中巴自贸协定第二阶段议定书》。

### 4. 其他相关保护政策

2015 年 4 月，中巴两国共同签署并发表了《关于建立全天候战略合作伙伴关系的联合声明》。双方将进一步加强战略沟通与协作，维护两国共同利益。

## ▷三、中国企业进入巴基斯坦市场的合规步骤

### （一）外国投资者在巴基斯坦开设公司的合规步骤

#### 1．设立企业的形式

巴基斯坦法律允许外国企业在巴基斯坦以三种形式从事经营活动：一是独资（Sole Proprietorship），二是合伙（Partnership），三是成立公司（Company）。独资即个体经营，指自然人以自有资金从事某种经营活动，在设立上没有正规程序要求。合伙是两个或两个以上的自然人或组织根据合伙合同成立的经营组织，合伙各方对合伙企业盈亏负全部责任。公司是根据《1984年公司法》规定成立的法人实体，有股份有限公司、有限责任公司和无限责任公司之分。企业法人的类型如表2-3所示。

表2-3　企业法人的类型

| 法人类型 | 最低股东人数/人 | 最低资本要求 | 公司注册标准时间 |
|---|---|---|---|
| 私人股份有限公司 | 2 | PKR 100 000（US＄600） | 1天 |
| 单一成员公司 | 1 | PKR 100 000（US＄600） | 1天 |
| 公众有限公司（上市） | 7 | PKR 200 Million（US＄1.2M） | 1天 |
| 公众有限公司（未上市） | 3 | PKR 100 000（US＄600） | 1天 |
| 分公司 | — | — | 7周 |
| 联络处/代表处 | — | — | 7周 |

资料来源：巴基斯坦外国投资委员会官方信息。

**2. 企业注册的受理机构**

负责企业注册和管理的主管政府部门是巴基斯坦证券与交易委员会（SECP）。该委员会的主要职能包括：管理证券市场及进行相关研究；《公司法》的执行监督、管理（包括公司注册）；除银行以外的信贷机构的管理；保险业的管理等。现在注册公司已实现自动化，可以在一天内向巴基斯坦证券与交易委员会和联邦税务局提交注册申请。证券与交易委员会在首都伊斯兰堡及卡拉奇、拉合尔、白沙瓦、费萨拉巴德等地均设有办事处，其网址为：www.secp.gov.pk。

**3. 注册企业的主要程序**

外国公司在巴基斯坦开设分支机构，需在开设前30天内向巴基斯坦投资委员会提出申请，然后到证券与交易委员登记注册，经登记注册后的企业应持有关批准文件到巴基斯坦税务部门办理税务登记获取税号（NTN号码），并到商业银行履行开户等手续。有关联系方式和相关表格可登录投资委员会网站和证券与交易委员会网站获取。

公司注册程序如图2-1所示。

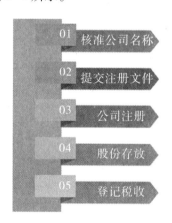

01 核准公司名称
02 提交注册文件
03 公司注册
04 股份存放
05 登记税收

图2-1 公司注册程序

一是核准公司名称。公司注册的第一步是缴纳100巴基斯坦卢比到公司登记处核准公司名称，以确定拟使用的公司名称未与其他公司重合或相似，也无欺骗或违背宗教义理。

二是提交公司注册文件。名称通过后，向巴基斯坦证券交易委员会提交公司注册文件。

三是公司注册。巴基斯坦证券交易委员会核查所提交文件有效性，通过后可从该处获得由国家机构促进技术（NIFT）授予的数字签名以及注册证书。此机构负责公司证书的签发事宜。

四是股份存放。注册登记后，股东必须将相应数量的股份存入公司银行账户。

五是登记收入、销售和专业税收。

### 4. 公司注册所需文件

如要注册公司，建议登录证券与交易委员会网站查询和了解有关程序和事项。所需文件如下：

（1）注册私营有限公司：

①由发起人签字的公司章程一式四份，一份盖章；

②填写《公司法》规定的指定表格，由一名董事或律师或注册会计师签字；

③填写公司地址表；

④填写公司经理、董事和其他人员情况表。

（2）注册上市有限公司：除了私营有限公司注册所需的上述文件外，还需要填写同意出任首席执行官和董事人选的两个指定表格。

（3）注册项目办公室或办事处、联络处：

①拟在巴基斯坦从事出口活动的外国公司不需要任何手续即予以注册；

②拟在巴基斯坦设立联络处以推销产品和服务的，需要取得巴基斯坦投资委员会的许可；

③外国公司拟在巴基斯坦开设分支机构、联络处或代表处的，需填表向巴基斯坦投资委员会申请许可，投资委员会将在6~8周内做出决定。

### 5. 其他注意事项

任何7个或7个以上的人为了合法目的，签署合约和公司章程，并向证券与交易委员会登记注册，就可以成立一个上市有限公司；任何两个或两个以上的人可以按相同的程序，就可以成立一个私营有限公司。

在制造业领域成立公司无须政府审批，但成立下列类型的公司时需要经过相关部委的预先批准（见表2-4）：

表 2-4　需审批的行业及审批机构

| 序号 | 行业 | 审批部委 |
|---|---|---|
| 1 | 银行 | 巴基斯坦财政部　巴基斯坦国家银行 |
| 2 | 保险公司 | 巴基斯坦商务部 |
| 3 | 金融投资公司或投资银行 | 巴基斯坦财政部　巴基斯坦国家银行 |
| 4 | 租赁公司 | 巴基斯坦证券交易所 |
| 5 | 风险投资公司 | 巴基斯坦证券交易所 |
| 6 | 资产管理公司 | 巴基斯坦证券交易所 |

资料来源：中国驻巴基斯坦使馆经商处。

## （二）承揽工程项目

### 1. 获取信息

根据巴基斯坦政府规定，采购或建设价格在 10 万巴基斯坦卢比以上的项目，需在公共采购管理局（PPRA）网站或媒体上刊登招标公告。因此，外国承包工程企业可以通过媒体及当地代理处获取工程招标信息。PPRA 网址为：www.ppra.org.pk。

### 2. 招标投标

根据巴基斯坦《2002 年公共采购法》（即《招标法》）规定，金额在 10 万巴基斯坦卢比以上的项目、国际组织贷款和援助项目，应通过公开招标确定实施单位。所有竞标单位需通过项目资格预审，并在规定时间内提交投标文件。巴基斯坦国内招标项目招标期通常不少于 15 个工作日，国际公开招标期不少于 30 个工作日。项目评标委员会必须按公正、公开、透明的原则进行甄选，原则上应优先考虑最低标者。特殊或紧急情况下，个别项目可实行议标。

### 3. 许可手续

《招标法》规定，外国承包企业必须与当地企业组成联营体参加项目投标，且巴方企业在联营体中所占股份不得少于 30%，由联营体申请投标许可。所有招投标项目的项目计划书（PC-1）和最终招（投）标结果，需获巴基斯坦公共采购管理局的最后审批。

### （三）申请专利和注册商标

#### 1. 申请专利

巴基斯坦知识产权组织（PIPRO）专利办公室是巴基斯坦受理专利申请的主管部门。在巴基斯坦可获得专利的发明应具备以下特征：

①发明应该是一个过程或一个产品；

②发明应当是新颖的或新的；

③涉及一个创造性的步骤；

④具有工业应用能力。

专利申请根据《2000 年专利条例》及《2003 年专利规则》进行审查。注册巴基斯坦专利需提交的申请文件主要包括申请书、委托书（如通过代理申请）、专利说明书，申请时还需缴纳专利申请费。申请程序包括：提交申请；审查和核准；如未通过审查，将要求申请人补充或修改材料；如通过审查，则在官方公报中发布受理通知；颁发证书。

#### 2. 注册商标

注册巴基斯坦商标需提交的申请文件包括：商标申请书、商标图样、委托书（如通过代理申请）、商标注册申请费（1 000 巴基斯坦卢比，不收现金）。申请巴基斯坦国内商标，应到"巴基斯坦知识产权组织商标注册处"［Trademarks Registry（TMR）of IPO-Pakistan］办理，该注册处总部设在卡拉奇，另外在拉合尔设有代表处。在巴基斯坦未注册的外国企业需通过当地商标注册代理进行申请。申请国际商标保护，可通过巴基斯坦商标注册处向设于瑞士日内瓦的世界知识产权组织办公室（WIPO）国际局申办。

### （四）企业在巴基斯坦报税的相关手续

#### 1. 报税时间

巴基斯坦政府规定，企业需在每月 15 日前上报并缴纳上一月份的销售税、联邦消费税等。进（出）口税费应在货物进（出）口之日起 15 天内完成上报并缴纳。企业所得税则在本年末申报并缴纳。

#### 2. 报税渠道

巴基斯坦的报税渠道比较灵活，企业可以选择自行申报、通过业主代扣或者通过当地会计师事务所代为申报。

**3. 报税手续**

巴基斯坦的报税手续较简单，企业按规定填写报税单，提供相关文件，缴纳税款后，税务部门即出具完税证明。

**4. 报税资料**

企业向当地税务机构报税时需要提交的文件包括：税务报表、企业税号文件、报税单等。另外，当地税务机构每年不定期抽查企业相关会计凭证和单据是否与上述文件相符。上述报税程序，可登录巴基斯坦联邦税务局网站查询。

## （五）海关清关流程

**1. 报关系统及注册**

目前，巴基斯坦实行电子清关，清关系统名为 WEBOC（Web Based One Customs）系统，是巴基斯坦全国推行的可实时将进口商、清关代理、银行、海关检查员、价值评估员、货代/承运公司和其他相关海关官员、港口人员等集成的网络系统，旨在提高巴基斯坦清关效率并加强海关对流程的监控。企业在巴基斯坦从事进出口业务，需向海关申请注册。企业要获取进出口资质，需提供以下资料：

①公司 SECP 注册证明及全套注册文件（包含 MOA、AOA、Form-29、Form-A）；

②公司国家税务号码注册证明；

③公司联邦销售税资质 STRN 注册证明；

④公司董事/授权代表护照、签证及照片扫描件；

⑤公司工商会资质注册证明；

⑥公司最近两个月银行流水证明（开户行签字盖章）；

⑦公司地址租赁协议、房东身份证扫描件及近两个月电/气缴费凭证。

**2. 报关流程**

报关流程如图 2-2 所示。

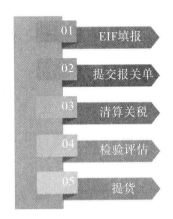

图 2-2 报关流程

货物到港前:

（1）准备文件。了解货物到港时间以及货物所有相关信息，需要客户提供以下文件:

①提单原件 2 份，背书签字盖章;

②商业发票原件 3 份;

③装箱单原件 3 份;

④相关合同，复印件即可;

⑤FTA 原件（如有）;

⑥每种货物的图片以及详细的装箱清单（分箱单）;

⑦关税及消费税免税资料及凭证（如有）;

⑧所得税提前通过 Iris 申请并且数据转入到 WEBOC 系统内的证明（如有）;

⑨签字盖章的抬头信纸，背书 Only for Clearance（仅用于清单），用于清关。

（2）办理 EIF。从 WEBOC 上创建 EIF 表格，在 WEBOC 填写并提交 EIF 信息到银行，向银行提供 EIF 办理所需材料（公司要求书、商业发票、装箱单、提单扫描件），然后等待银行有关部门批准。

货物到港后:

（3）填写货物申报单。根据客户提供的以上资料，由清关公司在 WEBOC 系统上填写货物申报单。

（4）办理付款单（Pay Order）。根据清关公司与客户，海关人员商量后，将所定货值填写到货物申报单中，系统会自动生成各项关税需缴纳的金额，然后通知客户前往开户银行办理付款单或者即期汇票。同时也会计算港口杂费及船公司费用，并制作付款单或者即期汇票。完成后 Pay order 需要邮寄给报关代理或公司。或由报关代理/公司代做。

货物清关阶段：

（5）落地查验。集装箱进入港口内的指定堆场后，由海关人员开箱检验货物的具体信息，包括实际货物名称、重量、体积、数量。按照海关规定，除特殊情况外，海关人员需在落地48小时内对该货物开始验货。

（6）评估。根据清关公司填写的货物申报单及海关对货物的实际查验情况，海关相关部门对此项货物进行海关编码评估、货值估算，通过WEBOC系统通知发货方需补缴或不需补缴关税。

（7）提柜，交接。关税、港口费用及船公司费用全部缴纳完成后即可提柜离港。清关公司会提前安排车辆进港装车。

**3. 注意事项**

一是巴基斯坦的清关流程相对来说比较复杂，货物经常会因为海关检查等手续在港口滞留，而产生集装箱超期费及堆存费。建议预留清关时间10~14个工作日；如果是集装箱（COC）进口，则建议在起运港（POL）至少申请21天的免费用箱时间，多多益善。

二是关于新执行的Form-I，巴基斯坦海关不接受国际间无资金流动的贸易申请的Form-I。所以合同中需要注明付款条款及付款日期。

三是EIF由于控件要求，需要在指定浏览器上填写，不然会出现乱码。

四是企业在制作发票及清关时，一定要合理设置商品的价格，否则会导致无法正常通关。

## （六）赴巴基斯坦的工作证件

### 1. 主管部门

外国人赴巴基斯坦工作不再需要获取工作许可，只需申请工作签证。拥有有效工作机会并符合条件的外国公民有资格申请此签证。巴基斯坦负责外国人工作签证的管理部门是投资委员会和内政部，投资委员会负责工作签证的申请或延期，内政部负责授权和签发。巴基斯坦政府规定，巴基斯坦驻外使领馆将只被授权向中国公民发放有效期为1年的多次赴巴基斯坦工作签证，且签证发放机关需事前证实其参与项目的真实性，并获得中国官方出具的安全许可。工作签证延期办理只能由巴基斯坦内政部批准，相关办理人员届时需递交其雇用单位的延期申请以及相关文件。

### 2．工作许可制度

外国人赴巴基斯坦工作必须申办工作签证。原先对于外国投资者或雇员申请由商务签证换发工作签证的，内政部将根据巴基斯坦投资委员会的核查结果予以受理。但从 2010 年起，巴基斯坦内政部原则上不再受理商务签证更换工作签证的申请。

### 3．申请程序

外国人赴巴基斯坦工作签证需由雇用单位向巴基斯坦投资委员会提交相关资料，包括护照信息、专业资格证书、雇用单位资信证明文件等，投资委员会审批通过后将出具同意函，申请人持函向巴基斯坦内政部申办工作签证。

巴基斯坦政府于 2019 年 3 月宣布放宽签证政策，并启动网上签证申请系统，以简化赴巴基斯坦签证申请，吸引更多外国人赴巴基斯坦投资和旅游，促进巴基斯坦经济发展。2019 年 4 月 29 日起，巴基斯坦政府为 191 个国家推出新的电子签证门户网站。雇用这 191 个国家侨民的公司必须在电子签证门户网站上提交工作签证申请。投资局提供为期一年的工作签证，可以再延长一年，多次入境并收取每人每年 100 美元的手续费。公司必须向巴基斯坦国家银行伊斯兰堡市民中心主分行的银行账户缴纳手续费。应向投资委员会提交原始的付款收据和一套文件，封面信应清楚注明 11 位数的电子编号。

工作签证无须向警察局进行登记。允许首次在线申请（新签证）和延长现有有效签证。工作签证的办理时间大约为 4 周。为了方便外国商人和投资者在巴基斯坦的旅行和停留，商务签证政策已适当放宽。巴基斯坦内政部向包括中国在内的 96 个商业友好国家的外国商人发放商业签证，可以在 24 小时内向 96 个商业签证名单（BVL）国家的商人发放 5 年多次入境商业签证①。

### 4．所需资料

网上申请工作签证，需要以下文件：

①公司的入职信，说明签证期限和其他必要的细节；

---

① 详情可查询 BOI 网站：www.pakboi.gov.pk。

②护照三页：信息页、入境页和最后一页；

③彩色照片；

④公司登记证书；

⑤就业协议；

⑥公司外派人员身份证明；

⑦公司简介；

⑧工作/家庭签证办理费用详情；

⑨联邦税务局国家税号（NTN）证书。

**5. 签证类型①**

中国与巴基斯坦签有互免签证费协议和互免外交、公务及因公普通护照签证协议。外交、公务及因公普通护照持有人赴巴基斯坦无须办理签证，在巴基斯坦可逗留 30 天。后两种护照持有人若欲超期停留，则需提前办理延期手续。因私护照持有人办理签证可以免交签证费。

因私护照持有人赴巴基斯坦经商考察申请商务签证，要求提供中国商业协会推荐信原件、由巴基斯坦相关贸易组织推荐的商业组织邀请函原件、由投资部的荣誉投资顾问或商务参赞提供的推荐信原件中的任何一种邀请件，并携带邀请方公司的注册证明（SECP/商业协会推荐信），并持有效护照、护照复印件、签证申请表、照片等到巴基斯坦驻华使（领）馆申办。商务签证有效期最多为 5 年。

# ▷四、中国企业进入巴基斯坦市场需要重点注意的合规事项

## （一）投资方面

一是服从大局。巴基斯坦对中国特别友好，对中国企业到巴基斯坦投

---

① 工作签证申请具体程序和各项材料要求可查询 BOI 网站：www.pakboi.gov.pk/index.php? option＝com_content&view＝article&id＝97&Itemid＝57。

资合作期望较高。中国在巴基斯坦投资企业应着眼大局，从长远考虑，坚持互利共赢，加强与巴方合作伙伴的协调与沟通，自觉承担必要的社会责任，避免因过度追求商业利益而与当地合作伙伴或政府、居民、宗教团体产生摩擦和纠纷。

二是入乡随俗。巴基斯坦是伊斯兰教国家，在巴基斯坦开展投资合作，不仅要认真研究当地法律法规，熟悉当地人文环境和风俗习惯，合法经营，还要尊重当地宗教习俗。

三是安全第一。巴基斯坦安全形势较为严峻，个别地区恐怖袭击、刑事犯罪案件频发。企业投资前应认真考察市场并征求中国驻巴基斯坦使（领）馆经商处意见，选择相对安全的投资地点。投资后要尽量实行属地化经营，减少在巴基斯坦中方人员数量，并注意加强驻地和生产、经营场所的安保工作。

## （二）贸易方面

一是关注政治经济形势对双边贸易的影响。巴基斯坦政局动荡，经济受外界因素影响大，中国企业应随时关注巴基斯坦政治经济和安全形势、债务状况及国家和银行信用等级情况、通货膨胀情况及汇率变化等，减少经营风险。

二是避免贸易纠纷。虽然巴基斯坦商人商业信誉总体较好，但近年中巴贸易纠纷呈上升趋势，应多加警惕。为此提醒中国企业注意以下几点：①通过合适的渠道选择良好的贸易伙伴；②了解当地对外贸易、海关、港口等相关政策法规；③降低合同条款的潜在风险，信守合同，在公平合理条款下开展贸易活动；④重视国外代收行和货运代理的选择；⑤提高业务人员素质。建议：一是与客户积极协商，争取友好解决纠纷；二是果断处理，使自身损失最小化；三是及时向中国驻巴基斯坦经商机构通报相关情况；四是多渠道开展投诉工作，以合法途径维护自身权益。

三是充分利用巴基斯坦商会开展工作。巴基斯坦商会在巴外贸活动中具有十分重要的地位，有实力的进出口商均为商会会员单位。企业可直接与相关商会取得联系，获得较全面的信息①。

四是巴基斯坦与阿富汗签有转口贸易协定。巴基斯坦海关对向阿富汗

---

① 巴基斯坦主要商、协会联系方式均可在中国驻巴基斯坦大使馆经商处网站（pk.mofcom.gov.cn/static/column/jmjg/zwshanghui.html/1）查询。

出口管理相当严格，专门出台规则以规避风险。

【案例】中国杭州某公司 2013 年 3 月与巴基斯坦某公司签订节能灯出口合同，货值 6 万余美元。巴基斯坦公司预付 6 000 美元后中方发货，巴方收到货物后以各种理由推迟支付余款，并以中方公司违背质量条款为由向地方法院率先提起诉讼。后虽因证据不足自行撤诉，但仍以多种理由拒付货款，中国驻巴基斯坦使馆多次协调无果，中方公司为避免漫长的诉讼程序，只得做出巨大让步。2020 年巴基斯坦政府同意瓜达尔港口与阿富汗转口贸易，为中资企业增添了新的贸易渠道。

## （三）承包工程方面

一要依法合规经营。中国企业人员要认真学习巴基斯坦相关法律法规，做到诚实守信、依法经营。严格遵守我国相关部门关于对外工程承包的相关规定，建立健全企业海外经营行为合规制度、体系和流程，做到合规经营。在投（议）标前与中国驻巴基斯坦使（领）馆经商处联系，听取意见，中标后及时向经商处备案。

二要慎选代理。中国企业在巴基斯坦开展承包工程业务，通常需通过当地代理公司获取相关信息、参与项目投（议）标和解决项目实施过程中遇到的问题。因此，建议选择实力强、信誉好、能办事的代理公司。

三要加强投（议）标科学性。中资企业在参与巴基斯坦工程项目的投（议）标过程中，应认真分析业主提供的资料，并充分考虑政局、安全、税收政策变动、通货膨胀、当地劳工价格及人民币升值等因素，预留出不可预见的费用。切勿听信代理片面之词盲目低价竞标，不要对融资等问题做出难以实现的承诺。

四要加强税务领域能力建设。巴基斯坦税收环境不佳，在巴经营中资企业大多遭遇不同程度的税务问题。企业应加强税务和法律队伍内部建设，加强同当地专业会计师事务所和律师事务所的合作，增强自身应对和解决税务问题的能力。

五要探索新的模式。巴基斯坦基础设施落后，建设资金十分缺乏，近年来，许多项目要求承包商带资承包，或参与项目投资经营。中国企业应逐步调整经营思路，探索 BOT、PPP 等新的经营模式。

六要加强安全防范。巴基斯坦安全形势十分严峻，中国企业在参与项目前务必了解安全情况和做好安防准备工作。在项目实施过程中抓好生产安全，在确保项目质量和工期的同时，加强对中方人员的安全教育和培训，强化安全意识，加强内部安全管理。

## （四）劳务合作方面

巴基斯坦是传统的劳务输出国，劳动力资源丰富，无须从外部引进。在巴基斯坦的中国劳务主要是参与实施中国企业承包的工程项目的管理人员和技术工人。

承包工程项目外派劳务应注意：①选派素质较高、劳动技能较好的劳务人员；②根据国内相关规定与劳务人员签署规范的劳动合同；③派出前，必须对劳务人员进行培训，遵循"不培训、不外派"的原则，了解巴基斯坦国情、宗教禁忌和社会习俗等，教育劳务人员遵纪守法，尤其要进行安保工作专题培训，并如实告知其工作条件和生活环境；④完善项目内部管理，总包企业应对分包商派遣人员进行统一管理、统一负责，指派专人管理外派劳务人员，随时掌握他们的思想动态，并及时解决问题。

## （五）巴基斯坦土地政策

外国投资者在巴基斯坦证券与交易委员会注册成立公司后，可以购买土地。但是在巴基斯坦土地归省管理，且各省之间的租售政策条款不一样。通常外国投资者可以在获得内政部和省政府的批准后以个人身份购买土地。详情请参见以下网站内容：

旁遮普省投资委员会：www.pbit.gop.pk

信德省投资委员会：www.sbi.gos.pk

俾路支省政府：www.balochistan.gov.pk

开普省投资委员会：www.investinkpk.org.pk

## （六）质量体系

国际质量标准和质量控制程序适用于巴基斯坦。如 ISO 9001：2008 管理体系、ISO 1400：2014 环境管理体系、OHSAS 18001：2007 职业健康安全管理体系。

巴基斯坦是国际标准组织（ISO）的正式成员，巴基斯坦标准和质量控制局（PSQCA）以及巴基斯坦政府采用了 22 070 项 ISO 标准。食品标准与食品法典委员会及世界卫生组织的标准保持一致。

## （七）风险防范

在巴基斯坦开展投资、进行贸易、承包工程和进行劳务合作的过程中，要特别注意事前调查、分析、评估相关风险，事中做好风险规避和管理工作，切实保障自身利益。包括对项目或贸易客户及相关方的资信调查和评估，对项目所在地的政治风险和商业风险的分析和规避，对项目本身实施的可行性进行分析等。

企业应积极利用保险、担保、银行等保险金融机构和其他专业风险管理机构的相关业务以保障自身利益。包括有关贸易、投资、承包工程和劳务类信用保险、财产保险、人身安全保险等，银行的保理业务和福费庭业务，各类担保业务（政府担保、商业担保、保函）等。建议企业在开展对外投资合作过程中使用中国政策性保险机构——中国出口信用保险公司提供的包括政治风险、商业风险在内的信用风险保障产品，也可使用中国进出口银行等政策性银行提供的商业担保服务。

巴基斯坦安全形势较为严峻，恐袭事件时常发生。特别是近年来针对中巴经济走廊项目、企业和人员的袭击风险上升。中国驻巴基斯坦使（领）馆经商处提醒在巴基斯坦以及来巴基斯坦考察、工作的中国公民提高警惕，加强防范，减少不必要的外出，并采取相关措施，确保人身和财产安全。如遇紧急情况，请及时向当地警方和中国驻巴基斯坦使（领）馆求助。根据巴基斯坦官方公布的信息，开伯尔-普赫图赫瓦省（包括原联邦直辖部落区）、俾路支省治安状况相对较差，暴力袭击时有发生，建议尽量避免前往。北部地区地形复杂，人烟稀少，经常发生塌方、泥石流、雪崩等自然灾害，前往时最好由当地伙伴安排并同行，尽量缩短逗留时间。巴基斯坦主要城市卡拉奇的社会治安有待改善，其他城市近年也发生过抢劫、偷盗，甚至假冒警察持枪抢劫等治安案件。如遇偷盗、安全威胁、人身伤害等情况，应立即向当地警方报案，并索要一份警察报告复印件，同时向中国使（领）馆反映情况。

## （八）建立和谐关系

### 1. 处理好与政府和议会的关系

巴基斯坦的政体是政府、议会和法院三权分立的政体，议会是立法机构，政府总理及内阁各部长均由议员出任，政府必须执行议会的决议。此外，巴基斯坦为联邦制国家，省政府受联邦政府领导，但也享有较大的自治权。

由此可见，中国企业要实现在巴基斯坦的长远发展，除了要处理好与联邦政府的关系，还要与议会和地方各级政府建立和谐友好关系。一是要深入了解联邦政府与地方政府的组织结构、各部门的相关职责以及政策规定等；二是要与各级政府保持紧密联系，宣传企业在巴基斯坦发展所取得的成绩和对当地经济社会所做的贡献，适当反映困难，请求当地政府协助解决；三是要广交朋友、深交朋友，积极结交各界、各阶层人士，团结和利用一切有利于企业发展的力量；四是如果企业在开普省和部落地区开展业务或承揽项目，除需取得当地政府和相关部门的支持外，还应争取当地部落首领和利益集团的支持。

**2. 妥善处理与工会、行业协会的关系**

从以往经验看，中国企业必须妥善处理与当地工会、行业协会等的关系，这样才能在巴基斯坦实现长期发展。

一要知法守法。中国企业应全面了解巴基斯坦《劳动法》和《工业关系法》中关于雇用、解聘、社会保障等方面的规定，依法与当地雇员订立合同，按时足额发放工资及补贴，按规定为员工缴纳养老金、社会保障金等；对员工进行必要的技能培训，杜绝强迫员工劳动、加班和使用童工现象；解除雇用合同应按规定提前通知员工，并支付补偿金。

二要主动引导。巴基斯坦法律规定，工会组织可在本企业之内设立，也可在企业之外设立。建议中国企业主动在本企业设立工会，以便沟通协调。另外，可邀请工会成员参与企业管理，积极引导其成为企业健康发展的有生力量。

三要避免隔阂。中国企业应选派懂外语、能力强、素质高的人员到巴基斯坦开展工作，努力避免两国员工因国籍、语言、文化的差异等而产生隔阂。

四要和谐发展。中国企业在巴基斯坦发展应努力营造和谐的企业文化，通过工会了解当地雇员的诉求和思想动态，尽量满足员工的合理要求，并考虑从当地雇员中提拔一批中层管理人员，逐步培养其责任感和归属感。

### 3. 密切与当地居民的关系

巴基斯坦投资环境较为宽松，政府鼓励外国企业到巴基斯坦投资，民众也普遍接受和欢迎。中巴两国世代友好，当地居民特别欢迎中国企业到巴投资，以促进就业、推动经济发展。在巴基斯坦的中国企业应充分利用这个优势，积极与当地社会和民众建立和谐关系。

一是了解当地社会情况。深入了解当地社会构成情况，当地如有部落、宗教势力、大家族或利益团体，应积极与其建立关系，争取其对企业在当地开展投资经营活动的支持。

二是友善待人。巴基斯坦民众对华十分友好，见到中国人经常讲"中巴友谊万岁""兄弟"，会主动问候和拥抱。中国企业及人员应尊重巴基斯坦民俗与宗教，注意友善表达。

三是经营本地化。企业应尽可能从当地招聘员工以促进当地就业。制造型企业可考虑为当地员工提供培训机会，以提高当地劳动力素质。

四是回馈社会。了解当地民众关心的热点和难点问题，积极参与社区公益事业，如资助社区修建学校、医院、清真寺、公交车站等，使当地居民普遍受惠。如在发生自然灾害时积极捐款捐物，或不定期为当地学校、医院等公益机构捐赠文具、照明设备、发电机、医疗器械等常备物资，帮助当地群众提高生活水平。

### 4. 尊重当地风俗习惯

一是尊重当地宗教信仰和宗教习俗。巴基斯坦是伊斯兰国家，中方人员与当地政府部门/机构的会晤时间应与其礼拜的时间错开，不要打扰当地人做礼拜，更不要驻足观看。巴基斯坦严禁携带各种酒类、猪肉及猪肉制品等违反伊斯兰教教义的物品入境；忌在公众场合饮酒或吃猪肉；忌谈论与"猪"有关的话题或赠送带有"猪"图案的礼品。斋月里白天应避免在当地人面前吃、喝、抽烟等，应适当调整斋月的工作时间。与当地人交往过程中，切记勿谈论亵渎伊斯兰教教义或穆斯林的话题。切勿随意放置《古兰经》及相关宗教书籍，如需移动或清理相关书籍、物件，应请当地雇员按照当地宗教习俗予以办理，以免误会。

二是尊重当地风俗习惯。不要在公共场合大声喧哗；当地着装较为保守，女士应着带袖衣服，忌穿短裙或着装过于暴露；不要主动和当地妇女或小女孩照相，更不能偷拍；盯着妇女看（尤其是身着黑袍的妇女）被视为非常不礼貌的行为；男女在公众场合应避免亲密举动；部分地区的商业广告不允许出现女性模特形象，涉及女性模特或女性用品的广告，务必事先与当地广告制作公司或媒体沟通。

### 5. 依法保护生态环境

近年来，巴基斯坦对环境污染的整治力度不断加大。中国企业在巴基斯坦开展投资合作，应当了解巴基斯坦相关环保法规，科学评估投资项目的排污情况及可能对环境造成的其他影响，有针对性地制订解决方案。此外，制造企业应按规定定期向当地环保部门提交企业环境监测报告。在工程实施过程中，对在道路旁的农田、山地、河沟取土应慎重。

### 6. 承担必要的社会责任

在巴基斯坦的中国企业要积极承担社会责任，以实现在巴基斯坦的长久发展。

一是诚信经营。杜绝生产、销售假冒伪劣产品，坚决抵制商业贿赂等违规行为，定期缴纳相关税费。

二是帮助发展当地经济。扶持当地配套企业发展，提高其技术水平和竞争能力，在谋求自身发展的同时，帮助当地培育一批具有国际水准的企业。

三是培养人才。中国企业除根据巴基斯坦政府规定每年承担一定的职业培训义务外，还应尽可能为本企业巴基斯坦籍员工、附近未就业劳动力提供职业培训机会，帮助培养一批具有较好劳动技能的技术型人才。

四是热心公益事业。积极参与当地各种社会公益事业，如教育、扶贫、环保、社区建设和兴建道路、桥梁；积极参与灾后重建等。可与巴基斯坦扶贫基金会（PPAF），巴基斯坦社会福利局（Pakistan Bait-ul-Mal）等机构合作，共同开展公益活动。

### 7. 懂得与媒体打交道

巴基斯坦媒体言论高度自由，有着巨大的社会影响力。中国企业应妥善处理与当地媒体的关系。

一是沟通渠道。中国企业应设立专门部门或指定专人与当地媒体保持良好沟通。视情况邀请友好媒体到企业参观采访，使其增强对企业的认识。

二是重视宣传。企业应引导当地媒体对本企业进行正面宣传，让公众了解企业的经营发展历程。如个别媒体对企业进行了不公正或失实报道，应尽快通过该媒体或主流媒体进行澄清，避免因此遭受不必要的舆论压力。

三是谨慎受访。如当地媒体提出采访要求，企业可请其先提供采访提纲，待研究后答复。如采访内容涉及政治、军事等敏感内容，应向媒体解释并婉拒。巴基斯坦的多数大型中资企业应通过当地媒介代理公司与主要媒体保持联系，通过第三方进行新闻收集、消息发布，减少与媒体正面接触。

### 8. 学会和执法人员打交道

如当地警察、海关、税务等执法部门依法查验相关证件、询问有关事宜或搜查某些地点，在场中方人员应予以积极配合。

中方人员要随身携带护照、身份证等，妥善保管营业执照、纳税证明及其他重要证件并进行双备份，如遇执法人员查验，应礼貌出示，冷静回答有关问题。如果没有携带证件，不要刻意回避，应主动说明身份，如对方需要核实有关信息，可向其提供公司联系方式。如执法人员要搜查公司或住所，应要求其出示证件和搜查证明，要求其与中方律师取得联系，同时立即向中国驻巴基斯坦使（领）馆报告。

如证件或财物被执法人员没收，应要求执法人员出具书面没收清单作为证据，并记下其证件号和车号，同时立即向中国驻巴基斯坦使（领）馆和公司报告，千万不能正面冲突。如执法人员要罚款，不要当场缴纳现金，而应要求其出具罚款单据，到银行缴纳。如执法人员要拘留或逮捕中方人员，应立即通知中国驻巴基斯坦使（领）馆。

### 9. 讲好中国故事

良好的国际舆论环境对国家发展是助力。当前，中国面临的国际舆论环境十分复杂，"走出去"企业既要有责任感也要有信心和能力在当地讲好中国故事，传播中国传统文化，充分展示中国繁荣发展、民主进步、文明开放的形象。巴基斯坦与中国毗邻，是古丝绸之路的栈道，也是"一带一路"沿线主要国家。因此，一方面，巴基斯坦的中资企业在内部管理中，要学会在不同文化之间展开文明对话与交流，特别是在员工内部要营造友善、包容、和谐的氛围；另一方面，在对外发展中，要利用公共外交平台，积极树立中资企业与当地和谐相处的企业文化，以中资企业和中国人的文化魅力去发展业务、广交朋友，用行动传播中华文化。

中资企业可与当地孔子学院等机构联合举行各种文化推广活动，既展示企业面貌，又传播中国文化。有条件的企业还可以选送部分巴方员工或大学生到中国参观访问，实地学习中国传统文化，培养后备人才。

**10. 其他**

一是信守承诺。企业应遵守合同约定，按期保质完成所承揽的工程，树立负责任大国企业形象。

二是有序竞争。企业在巴基斯坦开拓业务时，应注意与当地或中国的同行企业开展合作，公平有序竞争。

# 第三篇

## 尼泊尔

## ▷一、中国与尼泊尔经贸合作概况

### （一）经济表现

尼泊尔经济发展落后。据世界银行数据，受新冠肺炎疫情影响，2020/2021 财年，尼泊尔国内生产总值增长率较上一财年下滑 9.1%。表 3-1 为尼泊尔近年来的宏观经济数据。

表 3-1　尼泊尔宏观经济数据

| 财年 | 经济增长率/% | 人均 GDP/美元 |
| --- | --- | --- |
| 2014/2015 | 2.97 | 766 |
| 2015/2016 | 0.20 | 748 |
| 2016/2017 | 7.74 | 877 |
| 2017/2018 | 6.30 | 998 |
| 2018/2019 | 6.81 | 1 034 |

资料来源：《尼泊尔 2018/2019 财年经济概览》。

### （二）基础设施状况

尼泊尔交通基础设施薄弱，资源有待进一步开发。农业机械化刚起步。4G 网络开始铺设，电子商务、移动支付有待普及，许多现代服务行业还是空白。

### （三）对外经贸关系

印度、中国是其主要贸易伙伴。2018/2019 财年尼泊尔外贸总额为 15 156 亿尼泊尔卢比，同比增长 14.5%。主要出口商品有纱线、羊毛地毯、服装、茶叶等；主要进口商品有石油产品、钢铁、车辆、机械配件、电子电气设备、电信设备、黄金、药品等。表3-2为尼泊尔近年来的外贸数据。

表3-2  尼泊尔外贸数据                     单位：亿尼泊尔卢比

| 财年 | 2014/2015 | 2015/2016 | 2016/2017 | 2017/2018 | 2018/2019 |
|---|---|---|---|---|---|
| 出口额 | 866.4 | 711.4 | 731.2 | 811.9 | 971 |
| 进口额 | 7 845.8 | 7 811.5 | 9 859.5 | 12 428.3 | 14 185 |
| 差额 | 6 979.4 | 7 100.1 | 9 128.2 | 11 616.4 | 13 214 |

资料来源：尼泊尔中央银行。

### （四）金融环境

尼泊尔实行外汇管制，大额用汇必须经央行审批，游客可进行小额兑换。印度尼泊尔卢比汇率波动是影响尼泊尔卢比汇率贬值的主要原因。外资企业开立外汇账户和汇进外汇必须取得尼央行批准。

### （五）证券市场

尼泊尔证券交易有限公司（NEPSE）是其唯一的证券交易市场。可进行交易的证券种类包括：股票（权益股和优先股）；债券；政府债券；共同基金。

## ▷二、尼泊尔对外国投资合作的相关政策及法律法规简介

### （一）尼泊尔对外贸易政策

尼泊尔贸易主管部门是尼泊尔工商与供应部，其主要职责是制定有关贸易法律和政策、签订国际和双边经贸条约、出口促进、管理和监督对外贸易活动，以及负责尼泊尔与有关商业、贸易和过境运输等国际机构的联络等。目前，尼泊尔关于贸易政策的法律主要包括：《1957年进出口管理

法》和《2015 年贸易政策法》。有关进出口商品的相关规定如表 3-3 所示。

表 3-3　进出口商品的相关规定

| | |
|---|---|
| 禁止进口的商品 | 毒品；60 度以上的酒精饮料；军火（有政府许可证除外）；通信设备（有政府许可证除外）；贵重金属和珠宝（行李规定允许的除外）；牛肉及其制品等；其他在尼泊尔政府公报上公布的产品 |
| 禁止出口的商品 | 具有文物价值的本国和外国的古币；神像；棕榈叶和植物叶碑铭；重要的历史书画；野生动物；胆汁和野生动物任何部分；麝香；蛇皮，蜥蜴皮；大麻、鸦片、大麻制剂等；爆炸物，雷管及原材料等；用于生产武器和弹药的材料；天然兽皮和生皮；天然毛；所有进口的原材料、零件和生产资料；原木和木材 |
| 通过出口许可证管理的出口产品 | 大米、玉米、小麦、鹰嘴豆、小扁豆、黑豆、芥末、油菜籽、黄芥末籽、未开信用证重量超过 100 公斤的生丝、罂粟种、药草等 |

　　为鼓励出口，除尼泊尔政府规定的少数出口商品外，绝大多数商品只需交纳每申报单 100 尼泊尔卢比的服务费，免交关税；对生产环节的一切税赋，出口时予以退还；对进料加工复出口的产品，免除原材料进口环节一切税收。在进口环节，尼泊尔海关目前主要征收以下四种税费：基本关税（0~80%）、消费税（0~100%）、海关服务收费（500 尼泊尔卢比每申报单）及增值税（13%），具体税率随该国每一财年财政预算方案浮动。

　　尼泊尔标准计量局负责检验海关递送的进出口商品，依据的相关法律是《1980 年尼泊尔标准（证明标志）法》。尼泊尔畜牧发展部在海关设立检疫办公室，负责动物类产品进出口的检疫。尼泊尔政府允许私人经营检疫机构，依据的相关法律是《1999 年动物健康和畜牧业服务法》。卫生部药管局负责药品检验，依据的相关法律是《1978 年药品法》。

　　海关管理依据的主要法规是《2007 年海关法》和《2007 年海关规则》。《2007 年海关法》主要管理的内容有：海关区域及办公场所、关税、关税便利化、海关估价、申报、检验、通关、验货、事后稽核、搜查和拘留、货物查封、没收和拍卖、清关代理、处罚、复议和上诉等。《2007 年海关规则》管理的主要内容有：关税免除优惠、保税仓库、银行担保、特别经济区、申报检查、货物没收及审计程序、海关估价复议、废弃物销毁、清关代理、事后稽核等。

## （二）尼泊尔市场准入政策

尼泊尔工业部工业局是主管国内投资和外国投资的政府部门，下设许可登记处、外国投资和技术转让处、法务处、工业财产处、计划监督处、技术环保处等。其主要职责为：制定和落实大中型企业的政策和规章；落实外商投资的政策和规章；开展工业投资促进活动，开展相关知识和信息的宣传工作；为符合规定的企业签发许可证，注册大中型企业；根据现行法律、法规和政策，为企业提供服务和鼓励措施；将世界知识产权组织（WIPO）的要求作为工作重点，提供有关工业产权（专利、设计和商标等）方面的服务；使企业了解并采用有关环境标准；为外国投资企业提供数据、信息并及时答复他们的问题；对生产型企业的建立和运营进行监督；为出口印度的生产企业提供发放原产地证明的建议书；根据环境保护法和规定，实施必要的环境影响评估（EIA）和初步环境审查（IEE）。

尼泊尔市场行业准入规定如表3-4所示。

表3-4　行业准入规定

| 尼泊尔工业局2005年6月发布的《外国在尼泊尔投资程序》规定：外国投资需获批准；除个别规定行业外，外国投资者可在任何行业投资和进行技术转让；外国投资者可在大中小规模企业拥有100%的股份 | |
| --- | --- |
| 尼泊尔内阁提出的5个优先和鼓励发展的领域 | （1）水电领域；（2）交通领域的基础设施建设；（3）农基领域（如灌溉等民生项目、食品、草药加工）；（4）旅游；（5）矿业。同时减少不对外国投资开放的行业数量，开放新的领域 |
| 不对外国投资开放的行业 | （1）家庭手工业（除用电超过5兆瓦的以外）；（2）个人服务业（比如理发店、美容院、制衣、驾驶培训等）；（3）武器和弹药行业；（4）火药和炸药；（5）与放射性材料有关的行业；（6）房地产（指的是买卖房产，不包括建筑开发商）；（7）电影业（尼泊尔语和其他国家认可的语言）；（8）安全印刷；（9）银行纸币和硬币业；（10）零售行业（不包括至少在两个国家有经营业务的国际连锁零售企业）；（11）烟草（不包括90%以上出口的烟草公司）；（12）国内快递业务；（13）原子能；（14）家禽；（15）渔业；（16）养蜂业；（17）咨询服务，如管理、会计、工程、法律事务所（最多允许51%的外国投资）；（18）美容业；（19）食品加工（租赁形式）；（20）本地餐饮服务；（21）乡村旅游 |

表3-4(续)

| | |
|---|---|
| 不对外国投资开放的家庭手工业的范围 | 手摇纺织机、脚踏织布机、半自动织布机、纺线机、印染、裁缝（成衣除外）、针织、手工针织绒毛毯、羊毛地毯、围巾、羊绒外衣、木工、木制艺术品、藤条竹子手工制品、天然纤维制品、手工造纸和以此为材料的制品、黄金、金银铜和宝石为材料的饰品、雕刻和陶器、蜂蜜、豆类加工、黏土和陶器制品、皮革加工、皮革制品生产、种植黄麻、棉线产品、羊或牛角产品、石头雕刻、陶器艺术制品、小型服装销售店、熏香制品、洋娃娃和20万尼泊尔卢比以下固定资产的玩具厂（不含土地和建筑）。除特别指定的以外，上述家庭手工业中的电动机、柴油或汽油发电机用电不得超过5千瓦。电动织布机不包括在家庭手工业中。机械化的羊毛纺纱和羊绒地毯制造必须经过批准。 |
| 外国投资者在首都加德满都地区可对以下行业进行投资、开展合作 | (1) 旅游业。包括旅游代理、徒步旅行代理、酒店和餐馆。(2) 生产型工业。除肉类以外的食品加工，机械设备价值在200万尼泊尔卢比以上；电子装配；蜡烛生产，机械设备价值10万尼泊尔卢比以上；文具（纸造文具）生产，机械设备价值10万尼泊尔卢比以上；不使用带锯的木制家具生产，机械设备价值5万尼泊尔卢比以上；人造革包生产，机械设备价值10万尼泊尔卢比以上；草药加工，机械设备价值5万尼泊尔卢比以上。(3) 建筑业桥梁、写字楼、商务楼和汽车修理厂建筑 |
| 外国投资者不可在加德满都市区投资的行业 | 大中型化工实验室；机械设备价值在20万尼泊尔卢比以上的车间；钢管/板切割企业；除茶叶、盐、糖等的再包装业；洗染厂和织物印花企业；冷库；化肥厂；水泥厂；大中型炼铁、炼钢和铸造厂；非小型手工和传统方式的纸浆和造纸厂；苏打化工企业；汽油和柴油炼油厂；印染工业；酸性化工企业；发酵和蒸馏工业；大中电镀工业；糖厂；橡胶加工厂；大中油漆工业；漂白工业 |
| 外国投资者不可在该国任何城市投资的行业 | 以石头为主要原材料的有关工业 |

（1）股权限制

在对外国人开放的领域内，外国人可以拥有100%的企业股权。不对外国人开放的领域，近年政策逐渐松动，例如贸易、批发、货运、旅游、渔业、管理和工程咨询等企业，出现了合资合作经营的情况，外方股权没有限制，但企业法人必须是尼泊尔公民。

（2）资本偿还

外国投资者，可通过以下方式按即时汇率汇回：

①变卖部分或全部外国投资股份的收入；

②外国投资红利或津贴；

③外国贷款本息收入；

④技术转让协议下的收入；

⑤财产购置的补偿收入；

⑥在尼从事工业服务的外国专家的工资、补贴等收入的75%。

（3）"一站式"服务中心

尼泊尔政府于2019年5月15日正式启动"一站式"服务中心，为投资商提供投资便利，改善投资环境。据报道，该"一站式"服务中心设在工业局，负责处理投资额在1亿~60亿尼泊尔卢比之间的一般性外商投资，而超过60亿尼泊尔卢比的大额投资和超过200兆瓦规模的水电站项目由尼泊尔投资委员会处理。"一站式"服务中心有来自尼泊尔政府与投资相关的14个部门的工作人员集中办公，省去了原先投资商逐一到相关部门分散办理手续的麻烦，有望提高办公效率，缩短办理时间。"一站式"服务中心可办理的业务包括：投资许可、公司注册、缴税、清关、劳动许可、签证、环境影响评估、外汇批准等。外商投资设厂所遇到的全部服务都可以通过"一站式"服务办理。

## （三）尼泊尔关税政策

尼泊尔海关对进口产品收取以下四种税费：关税、消费税、海关服务费和增值税。其中，进口商品关税在尼关税中占较大份额（见表3-5）。

表3-5　尼泊尔进口商品关税率一览表

| 关税率 | 进口商品 |
| --- | --- |
| 关税率为0的商品 | 人用疫苗、畜用疫苗、抗血清等免疫药品、电能、未加工羊毛、食盐、未梳理原棉、废纱线、梳理原棉、蚕茧、原木、木柴、木屑、木炭、书刊、报纸、杂志（科技、教育、儿童读物等）等 |
| 关税率为5%的商品 | 机电产品类：各类机床、手工具、工农具及零配件，建筑机械，勘探、开采用机械、重工业机械及配件，轻纺机械及配件，农业机械，医疗器械，研究用器材，成套设备，核反应堆，各类工业模具，锅炉，自行车，传真机。轻工产品类：碎羊毛、生皮、纸浆等。纺织产品类：生丝、废生丝、丝纱、棉纱、棉线、棉匹布等。化工产品类：鞣革化工原料、石蜡、焦炭、锭子油、变压器油等。五金矿产类：基础金属、煤炭等 |

表3-5（续）

| 关税率 | 进口商品 |
|---|---|
| 关税率为10%的商品 | 机电产品类：飞机及附件、零部件，人造飞船，卫星，滑翔机，拖拉机（排气量小于1 800cc），水泵，配电箱等。纺织类：合成纤维纱。家电类：电脑，照明灯具，电话机，摄像机，录音、录像带等。食品类：未加工牛奶、蔬菜、粮食及加工产品、动植物油、糖、禽类蛋、蜂蜜、咖啡、可可原料、食用香料等。各种肉类：鲜或冻猪肉、羊肉、鸡肉、马驴肉、水产品。轻工产品类：动物原毛，皮革，合成革，儿童玩具，护肤霜、油等。工艺品类：草、柳编制品等。鲜活类：各种活牲畜、水产品等 |
| 关税率为15%的商品 | 机电产品类：火车及附件、零部件，发动机，发电机，船舶，拖拉机（排气量大于1 800cc），农林用车，建筑和工业用手推车，雷达等。家电产品类：黑白电视机、麦克风、喇叭、电风扇、空压机、电冰箱（柜）、热水器、音响、微波炉、收录机、收音机、印刷电路、钟表、照相机、卫星接收器及卫星天线、（手、电动）打字机、婴儿推车、各类汽车零部件等。轻工产品类：美容、化妆品，皮革制品，人造革制品，木制品，玻璃制品，纸张，雨伞等。纺织产品类：丝绸织品、麻织品、合成纤维织物等。文体办公用品类：各类乐器、体育用品、办公用品等。化工产品类：天然气、沥青、染料、炸药和橡胶制品等。光学精密仪器产品类：各类光学精密仪器产品。水果类：各种干鲜水果、籽仁等。奶制品类：加工后的牛奶及制品。肉类加工产品：香肠、腊肉、加工后的水产品。建材类：水泥、沥青毡等。其他：未加工烟草、医药品 |
| 关税率为25%的商品 | 机电产品类：25座以上的大客车和中巴士车、各种吨位的自卸车、工厂仓库用货车、各类军用车等。家电产品类：空调器（机）、录像机、家用洗碗机。轻纺产品类：服装、袜类、帽类、地毯等。食品类：加工过的各类食品，饮料等。日用品类：家具（塑料家具除外）、化妆品等。化工类：各种化肥 |
| 关税率为35%的商品 | 15~25座的巴士车、饼干、面包、大理石、花岗岩、瓷砖、聚合物乙烯品 |
| 关税率为40%的商品 | 加工的螃蟹、蔗糖、各种饼干和烤面包、意大利面食、各种果汁、蔬菜汁、矿泉水、葡萄酒、火柴、电池、彩色电视机、电视投影仪、塑料家具、各种肥皂、卫生纸、洗涤剂、塑料制品、润滑油、机油脂、各种鞋类、油漆、钢筋、电镀金属板、11~14座小巴士车、货车（两座位）、摩托车等 |
| 关税率为80%的商品 | 吉普车、轿车、敞篷车、机动三轮车、客货两用车（两座位以上）、机动运输车（排气量为1 000cc至3 000cc）、各种军火 |
| 汽油、烟酒等计量（公升）关税 | 航空汽油2.1尼泊尔卢比/公升，其他汽油14.75尼泊尔卢比/公升，航空煤油2.1尼泊尔卢比/公升，其他煤油1.3尼泊尔卢比/公升，酒精270尼泊尔卢比/公升，啤酒104尼泊尔卢比/公升，香烟和雪茄730尼泊尔卢比/千支 |

尼泊尔进口商品享受的税率减让优惠如表 3-6 所示。

**表 3-6　尼泊尔进口商品享受的税率减让优惠**

| |
| --- |
| 从印度进口的印度原产地商品，5%～30%税率以下的商品，在税率上享受 5%的减让优惠；高于 30%税率的商品，在税率上享受 3%的减让优惠。这些优惠不适用于征收从量税商品 |
| 以信用证方式从中国西藏进口的中国原产地商品，在税率上享受 4%的减让优惠。这些优惠不适用于征收从量税商品 |
| 为鼓励出口，尼泊尔政府对大部分出口商品不征收关税，仅对少部分初级产品征收关税，出口商品收入不征所得税。对用于生产出口商品的进口商品给予退税。征收出口关税的商品分别以其重量、体积、价格征收关税 |

尼泊尔出口商品税率如表 3-7 所示。

**表 3-7　尼泊尔出口商品税率表**

| 出口商品 | 税率 |
| --- | --- |
| 小于 2.5 英寸的碎石块 | 每立方米征收 600 尼泊尔卢比 |
| 大于 2.5 英寸的石头和石块 | 每立方米征收 1 200 尼泊尔卢比 |
| 天然沙 | 每立方米征收 1 200 尼泊尔卢比 |
| 碎石混合物 | 每立方米征收 1 200 尼泊尔卢比 |
| 菱镁矿石 | 每立方米征收 600 尼泊尔卢比 |
| 原木、锯木、柴木、木块、柴块、木枝、木条、木屑 | 按价征收 200%税率 |
| 制作胶合板的单板 | 每千克征收 6 尼泊尔卢比 |
| 石头粉尘 | 每立方米征收 600 尼泊尔卢比 |
| 动植物油和分离物 | 每千克征收 0.5 尼泊尔卢比 |
| 儿茶树 | 每千克征收 5 尼泊尔卢比 |

资料来源：《尼泊尔海关总署关税税则》。

## （四）尼泊尔环境保护法律法规概述

尼泊尔环保管理部门是森林和环境部。主要环保法律法规是：《1997 年环境保护法》《1997 年环境保护规则》《环境影响评估》和《1993 年尼泊尔环境政策和行动计划》。

根据相关环保法律法规，外资企业在尼泊尔投资工程需要提交项目的环境评估报告。具体如下：

一是外资企业寻找在尼泊尔环境部注册备案的当地咨询公司制作环境评估报告；

二是将完成的环境评估报告交给项目对口的部委审查，如水电工程的报告交给尼泊尔能源部；

三是对口部委审查合格后，交环境部审查。如环境部对报告存有异议，由对口部委责令外资企业按环境部要求修改；

四是环境影响评估报告通过后，由项目对口的部委发项目认可函。环保评估的费用主要包括实地调研、编写环评报告的费用。申请环评的周期较长，一般需要半年左右。

### （五）尼泊尔反对商业贿赂法律法规概述

尼泊尔反对商业贿赂的管理部门是滥用职权调查委员会（Commission for the Investigation of Abuse of Authority）。相应的法律法规是：《2002 年预防腐败法》《1991 年滥用职权调查委员会法》和《2002 年滥用职权调查委员会行为规则》。以上法案的约束对象包括：政府职员，国有或国有控股的企业、银行、教育机构、地方机构的员工，仲裁人员，破产清算人和调查人，以及尼泊尔政府公告任命的其他公共服务人员。

相关法案规定对主要犯罪行为的界定和惩处如下：

第一，公共服务人员受贿处罚标准如表 3-8 所示。

表 3-8　尼泊尔对公共服务人员受贿的惩处标准

| 接受现金金额 | 处罚 |
| --- | --- |
| 接受现金 2.5 万尼泊尔卢比及以下 | 监禁 3 个月及以下 |
| 接受现金 2.5 万尼泊尔卢比至 5 万尼泊尔卢比 | 监禁 3~4 个月 |
| 接受现金 5 万尼泊尔卢比至 10 万尼泊尔卢比 | 监禁 4~6 个月 |
| 接受现金 10 万尼泊尔卢比至 50 万尼泊尔卢比 | 监禁 6~18 个月 |
| 接受现金 50 万尼泊尔卢比至 100 万尼泊尔卢比 | 监禁 18~30 个月 |
| 接受现金 100 万尼泊尔卢比至 250 万尼泊尔卢比 | 监禁 30 个月以上 |
| 接受现金 250 万尼泊尔卢比至 500 万尼泊尔卢比 | 监禁 4~6 年 |
| 接受现金 500 万尼泊尔卢比至 1 000 万尼泊尔卢比 | 监禁 6~8 年 |
| 接受现金 1 000 万尼泊尔卢比以上 | 监禁 8~10 年 |

第二，向公共服务人员行贿的人员的犯罪行为界定和处罚标准与上表相同。

第三，非公共服务人员受贿导致公共服务人员产生不正当行为的，也会受到处罚，并处以一定金额的罚款。

第四，如果公共服务人员在未获得批准的情况下免费或以低价接受物品或服务，处以 6~12 个月监禁，并罚款。

第五，如果公共服务人员在未获得批准的情况下接受礼品、奖励或捐赠物，处以 3~6 个月监禁并没收相关礼品。

第六，如果公共服务人员在执行公务、采购或出售国有资产时接受任何形式的佣金、酬金和利益，对犯罪行为的界定和惩处参照第一条执行。

## （六）尼泊尔对外国公司承包当地工程的政策

### 1. 许可制度

在尼泊尔参加工程项目投标需要具有国际承包工程的资格或有同类项目承建业绩。在尼泊尔投标文件中有一个表格，如聘请当地代理商的，需填写当地代理的名称和联系方式等信息。中资企业通行的做法是聘请当地代理商做协调工作，提供有关招标方面的信息、帮助购买标书、办理资格认证等手续。尼泊尔招标单位一般看重承包商过去业绩，是否做过类似或更大规模的工程招标项目是评估承包公司资质的重要依据。外国承包商如同当地公司组成联合体参加投标，评标时可以加 6 分。尼泊尔法律规定，取最低投标价的公司中标。目前，一些项目已经开始采用综合打分的方式确定中标公司。尼泊尔对承揽工程承包项目一般都有建设资质及业绩要求，不允许外国自然人在当地承揽工程承包项目。尼泊尔对工程建设过程、工程验收的规定包括：国际招标项目通用国际标准；严格按照合同内容执行项目，业主会按照合同条款或委托专业的咨询公司对项目进行验收。

### 2. 禁止领域

凡尼泊尔报纸正式刊登的对国际承包公司公开招标的项目，中资公司都可以参加投标。日本、韩国、印度提供贷款或援助的项目，按提供贷款国的要求，招标范围仅限于提供贷款国家的公司或该国公司与尼泊尔公司组成的联合体参加。凡未公开进行国际招标的项目，中资公司不能参加。涉及军品的招标属于禁止招标的领域。

### 3. 招标方式

在尼泊尔市场，目前主要采用公开招标和邀请招标两种方式。公开招标又叫竞争性招标，即由招标人在报刊、电子网络或其他媒体上刊登招标公告，吸引众多企业单位参加投标竞争，招标人从中择优选择中标单位。这种招标方式也是尼泊尔市场比较常采用的竞争方式。按照竞争程度，公开招标可分为国际竞争性招标和国内竞争性招标。国际竞争性招标是指在世界范围内进行招标，尼泊尔国内外合格的投标人均可以投标。招标人通过各种宣传媒介刊登招标公告，感兴趣的企业单位只要满足要求，都可以应标。所有招标文件及相关资料都由英文编写。工程合同金额较大时，一般都会采用国际竞争性招标的方式。各发放贷款的银行根据不同地区和国家以及具体项目类别的情况，大都规定金额在一定额度以上的工程合同，必须采用国际竞争性招标。国内竞争性招标只在尼泊尔国内企业单位中进行招标，可用尼泊尔语言编写标书，只在尼泊尔国内的媒体上登出广告，公开出售标书，公开开标。通常用于合同金额较小、工程项目施工难度不大、工程实施所需设备比较简单、当地价格明显低于国际市场的工程项目。邀请招标也称有限竞争性招标或选择性招标，即由招标人选择一定数目的企业，向其发出投标邀请书，邀请他们参加招标竞争。一般选择 3 ~ 10 家企业参加竞标较为适宜（必须大于 3 家），当然要视具体招标项目的规模大小而定。由于被邀请参加投标的竞争者有限，不仅可以节约招标费用，而且提高了每个投标者的中标机会。然而，由于邀请招标限制了竞争，因此，尼泊尔的大部分项目一般都尽量采用公开招标的方式，而不选用邀请招标的方式。基于资金来源和项目性质方面的考虑，尼泊尔在使用国际组织或外国政府贷款、援助资金时，可以根据项目实际情况或资金提供者的要求进行邀请招标。另外，在尼泊尔一些私人投资开发的项目中，邀请招标是较普遍采用的招标方式。

## （七）尼泊尔知识产权保护的规定

尼泊尔是世界知识产权组织的成员。相关法律法规为：《1965 年专利、设计和商标法》和《2002 年著作权法》。

尼泊尔有关知识产权侵权的民事措施包括：①发布暂时或永久禁令，禁止他人使用被侵权的商标/专利；②索赔；③没收侵权货物/商标标签/广告材料。

尼泊尔有关知识产权侵权的刑事措施包括：①搜查所有侵权货物/商标标签/广告和印刷材料等。②根据《1965 年专利、设计和商标法》，对侵权实施的罚款是：专利侵权罚款 2 000 尼泊尔卢比以下，设计侵权罚款 800 尼泊尔卢比以下，商标侵权罚款 1 000 尼泊尔卢比以下。目前有所变更，对此三项的罚款最高可达 10 万尼泊尔卢比。③根据《2002 年著作权法》，对侵权实施的处罚是初犯为 1 万到 10 万尼泊尔卢比，并/或不超过 6 个月监禁，再犯为 2 万到 20 万尼泊尔卢比并/或不超过 1 年监禁。

### （八）尼泊尔对中国企业投资合作的保护政策

中国与尼泊尔两国政府目前尚未签署双边投资保护协定。2001 年 5 月 14 日，两国政府在加德满都签订了《关于对所得避免双重征税和防止偷漏税的协定》，并于 2010 年 12 月 31 日正式生效，适用于 2011 年 1 月 1 日或以后开始的纳税年度中的所得。此外，尼泊尔是国际投资争端解决大会的签字人、国际投资争端解决中心（ICSID）、世界多边投资担保机构（MIGA）的成员，如果中尼企业在合作中发生纠纷，可以在上述多边框架下寻求解决方法。

## ▷三、中国企业进入尼泊尔市场的合规步骤

### （一）注册登记

#### 1. 设立企业的形式

根据《2006 年公司法（2017 修订版）》，设立企业主要有两种形式：私营公司（股东不超过 101 名；不允许股东以外的股民认购公司股份；董事不超过 11 名）或公营公司（至少 7 个股东，无上限；已缴股本至少 1 000 万尼泊尔卢比；如公司有女性股东，则至少有一名女性董事；可根据《2006 年公司法（2017 修订版）》与《证券法》，通过尼泊尔股票交易所发行股票）。外国人既可成立私营公司，又可成立公营公司。

### 2．注册企业的受理机构

尼泊尔审批外资企业的机构是工业局，受理外资注册的机构是外商投资和技术转让处。

（1）工业局

电话：00977－14261101

传真：00977－14261112

电邮：info@ doind.gov.np

网址：www.doind.gov.np

（2）外国投资和技术转让处

电话：00977－14261168

传真：00977－14261112

电邮：crofficefdi@ wlink.com.doind.gov.np

网址：www.doind.gov.np/index.php/section/foreign－investment－and－technology－transfer

### 3．注册企业的主要程序

注册企业的主要程序如图3-1所示。

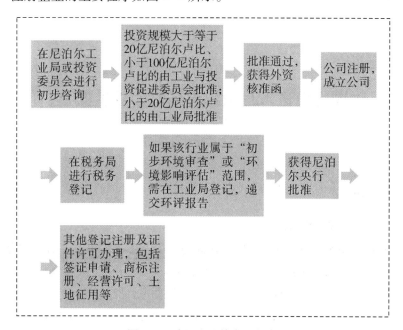

图 3-1　注册企业的主要程序

注意事项：

（1）尼泊尔工业局隶属工业部，依据《外资与技术转移法》进行管理，负责审批投资规模（固定资本）20亿尼泊尔卢比以下的外资准入。工业与投资促进委员会由工业部主导，负责审批投资规模（固定资本）大于等于20亿尼泊尔卢比、小于100亿尼泊尔卢比的外资准入。尼泊尔投资委员会负责审批投资规模（固定资本）大于等于100亿尼泊尔卢比的外资准入。

（2）注册企业需提供的材料包括：2份公司组织大纲；2份公司章程；1份注册证书与组织章程；1份公司授权代表人的护照资料；1份见证人身份证材料；1份相关机构颁发的外资核准证；1份公司授权律师办理注册登记的函。

（3）外资建立新公司、通过股份转让投资到尼泊尔当地公司、通过贷款投资到当地公司、技术转让等需要提交的申请资料清单不同。且注册程序比较烦琐，提交的文件容易出现内容遗漏、写错填错或投资者对填写要求不理解等问题，加上相关政府机构的部分官员工作作风较差，导致投资者自己很难办理。可找一个熟悉注册程序的律师，确定相关费用和报酬后，由其全权协助办理。

## （二）承揽工程项目

### 1. 获取信息

所有尼泊尔国际公开招标项目的招标信息都会在尼泊尔当地的英文报刊上刊登。目前，*Rising Nepal*、*Kathmandu Post*、*Himalaya News* 三家报刊是驻尼中国公司了解招标信息的主要窗口。另外，尼泊尔各政府部门的网站也是了解工程项目招标信息的主要途径，如尼泊尔电力局、灌溉局等部门会将刊登在报刊上的招标信息进行更新，并刊登在各自的网站上。邀请投标的信息主要来自各公司的信息关系网，可通过聘请的当地代理、当地的合作伙伴等了解相关信息。

### 2. 招标投标

公开招标的主要程序如图3-2所示。

图3-2　公开招标的主要流程

（1）资格预审阶段

资格预审是国际惯例，在尼泊尔市场也同样适用。它是指在招标开始之前或者开始之初，由招标人对投标申请人进行资质条件、业绩、信誉、技术、装备、资金、财务状况等诸多方面的审查，经认定合格的投标申请人（潜在投标人）才可以参加投标。

资格预审一般包括以下几个步骤：

①招标人编制资格预审文件，并通过尼泊尔英文报刊等媒体发布资审邀请广告，邀请潜在的投标人参加资格预审。资格预审通告的内容一般包括：工程实体名称，工程项目名称，工程规模，主要工程量，计划工程开工日期、竣工日期，发售资格预审文件的时间、地点和售价，以及提交资格预审文件的最迟日期等。

②发售资格预审文件和提交资格预审申请。资格预审通告发布后，招标人应立即开始发售资格预审文件，必须按资格预审通告中规定的时间提交资格预审申请，截止日期后提交的申请书一律拒收。

③资格评定，确定参加投标的投标人名单。招标人在规定的时间内，按照资格预审文件中规定的标准和方法，对提交资格预审申请书的投标人的资格进行审查。只有经审查合格的投标人才有权继续参加投标。

④公布资格预审评定结果。在招标人资格预审评定完成后，应在报刊等媒体公布资格预审结果，只有通过资格预审的投标人才能参加接下来的招标。

（2）招标阶段

①发布招标公告。资格预审完毕之后，先由招标人准备招标文件，并通过尼泊尔英文报刊或者其他媒介发布招标公告。

②通过资格预审的投标人应按照公告中所述，购买相关招标文件。投标人应当按照招标文件的规定编制投标文件。投标文件应在规定的截止日期前密封送达投标地点。在提交投标文件截止日期之前，投标人可以书面通知招标人撤回、补充或者修改已提交的投标文件。

③开标。开标应当按照招标文件规定的时间、地点和程序以公开方式进行，投标人可以对唱标做必要的解释，但所做的解释不得超过投标文件规定的范围或改变投标文件的实质性内容。开标应当做记录，存档备查。

④评标和定标。招标人应该按照招标文件的规定进行评标。按照国际

惯例，中选的投标应当符合下列条件之一：满足招标文件各项要求，并考虑各种优惠及税收等因素，在合理条件下所报投标价格最低；最大满足招标文件中规定的综合评价标准。在尼泊尔，中标公司一般都报价最低。

（3）授标

招标人在经过评标、定标确定中标公司之后，就会向中标公司发布中标通知书，并应当按照招标文件的规定和中标结果签订书面合同。

以上是尼泊尔公开招标的主要适用程序，但是有的项目也会采用"资格后审"的方式进行招标。所谓资格后审是指将资格审查文件与投标文件一起提交，在开标后对投标人进行的资格审查。采取资格后审的，招标人应当在招标文件中载明对投标人资格要求的条件、标准和方法。经资格后审不合格的投标人的投标应作废标处理。

邀请招标的程序与公开招标程序基本一样，只是不需要发布招标公告，招标人邀请三家以上符合资质的投标人并发出邀请函，再组织进行资格预审、编制和发放招标文件、接收投标文件并组织开标、确定中标候选人并公示、发放中标通知书、签订合同。

**3. 许可手续**

投标前，当地报纸会发出投标邀请，告示投标人需要具备哪些资格，主要是提供投标人的法人文件，财务报表，曾经做过的项目类型、规模、技术情况、完成质量等作为资格审查的依据。资格审查通过后，投标人才可购买标书，准备投标。投标保函要根据业主要求提供，保证金一般是标价的 5%～10%。中标后，筹备施工，需要办理如下手续：

①与业主签订合同、寻找劳工并同劳工提供者签订合同；②申请签证；③租赁住宅；④办理货物、设备入关清关等手续；⑤租赁或购买车辆、办理驾照、购买手机卡；⑥银行开户；等等。

**（三）申请专利和注册商标**

**1. 申请专利**

申请专利依据的是《1965 年专利、设计和商标法》和《外资和技术转让法案》。专利管理机构是工业局。申请专利应该提交下列文件：①申请书；②权力要求书；③专利说明书、摘要及必要的附图。

**2. 注册商标**

注册商标依据《1965 年专利、设计和商标法》和《外资和技术转让法案》。注册商标的管理机构是工业局。注册商标需提交的文件包括：①公司注册证明和企业成立证明；②商标使用文字/符号复印件；③商标代表的产品或服务的名字；④商标创意声明；⑤如果是外国商标在尼泊尔注册，还必须附带本国商标注册证明、申请书、委托书和 4 份商标说明书。

## （四）企业报税

**1. 报税时间**

各税务办公室办公时间：周一至周四 10:00—17:00（冬季 10:00—16:00），周五 10:00—15:00。

营业税报税：每财年（7 月 16 日至次年 7 月 15 日）分三次缴纳，第一次根据对本财年的估算，于 7 月 16 日前缴纳 40%，第二次于次年 4 月 12 日前缴纳 30%（至总额的 70%），第三次于次年 7 月 15 日前缴纳其余 30%（至总额的 100%）。

增值税报税：每月的单据须于次月 25 日提交税务机关。每年 8 月 17 日至 9 月 16 日的单据须于 10 月 10 日前提交税务机关。

其他税：参照营业税报税方式。

**2. 报税渠道**

加德满都山谷地区共有三大税区：加德满都县、巴德岗县和拉利特普尔县，后两个税区各有一个税务办公室，负责注册金额在 2.5 亿尼泊尔卢比以下的企业的报税。加德满都县税区又分为加德满都县 1、加德满都县 2 和加德满都县 3 三个分区，每个分区各有一个税务办公室，也负责注册金额在 2.5 亿尼泊尔卢比以下的企业的报税。在拉利特普尔县税区还设有一个大税户办公室，主要负责企业注册金额在 2.5 亿尼泊尔卢比以上的税户的报税。注册金额超过 2.5 亿尼泊尔卢比的外国企业，应该到拉利特普尔县税区大税户办公室注册和报税，未超过的就在本辖区税务办公室报税。

**3. 报税手续**

报税手续如图 3-3 所示。

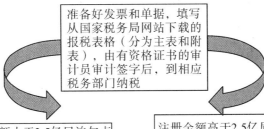

准备好发票和单据，填写从国家税务局网站下载的报税表格（分为主表和附表），由有资格证书的审计员审计签字后，到相应税务部门纳税

注册金额小于2.5亿尼泊尔卢比的企业，可自行到辖区税务办公室纳税，也可聘用持有资格证书的尼泊尔审计员报税

注册金额高于2.5亿尼泊尔卢比的企业，必须聘用持有资格证书的尼泊尔审计员(或独立的审计代理机构)，到大税户办公室报税，所有报税文件须经尼泊尔审计员(或独立的审计代理机构)审计签字后方可生效

税务机关审核、清税完毕，出具纳税单位清税证明

图3-3　报税手续

### 4.报税资料

（1）报税单据

企业应根据税务注册时税务部门规定的税种，准备好报税用的发票和单据，包括房租、电费、水费、电话费、办公支出、营业收入、合同复印件、计价收入、工资单、所有采购的发票和单据等。所有发票和单据上的事由、票号、日期和姓名等信息一定要完整并可识别。

（2）报税主表

可从尼泊尔国家税务局网站（www.ird.gov.np/index2.php）下载。由于表格文字是尼泊尔文，最好让尼泊尔审计员填写。主表经尼泊尔审计员审计签字后方可生效。主表D-01，由注册金额在150万（含）尼泊尔卢比以下的企业填写；主表D-02，注册金额在150万至500万（含）尼泊尔卢比之间的企业填写；主表D-03，注册金额在500万尼泊尔卢比以上的企业填写。

（3）报税附表

可从尼泊尔国家税务局网站下载。由于附表文字是尼泊尔文，最好让

尼泊尔审计员填写。附表经尼泊尔审计员审计签字后方可生效。附表
Annex1 至 Annex12 共有 12 种，企业可根据企业的性质选择其一，也可由
尼泊尔审计员选择和填写。

### （五）赴尼泊尔的工作准证办理

#### 1. 主管部门

尼泊尔劳动雇用促进局工业局和移民局是赴尼泊尔的工作准证办理的
主管部门。

#### 2. 工作许可制度

尼泊尔企业在本地某些技术劳务不足的情况下，可向劳动雇用促进局
申请雇用外国人的工作许可证，每个外国人一次可得到 1 年的非旅游签证，
最多续签 5 年。签证费：第一年 60 美元/月，第二年起 100 美元/月。在尼
泊尔工作的外国人，通过用人企业向劳动雇用促进局和工业局申请，获准
后才可把工资、津贴和报酬等收入的 75% 兑换成可兑换货币汇回本国。

#### 3. 申请程序

申请程序如图 3-4 所示。

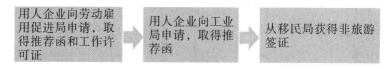

图 3-4　申请程序

#### 4. 提供资料

提交申请应附下列文件：①企业和受雇外国人的协议复印件；②企业
发展报告；③受雇外国人简历（主要描述有关技能和经验）和学历证书；
④受雇外国人最近的签证和最新的护照复印件；⑤准备接受该外国人培训
的尼泊尔人名单；⑥企业注册证明；⑦企业在政府报纸刊登的招聘广告；
⑧公司的审计报告。

### （六）尼泊尔出口海关报关流程及注意事项

#### 1. 出口企业报关、通关程序

在尼泊尔海关通关有两种形式：一是进出口商直接向海关申报办理通关手续；二是进出口商委托报关代理行办理通关手续。尼泊尔海关对报关代理行每年进行一次年审换证。出口通关程序主要包括两大步骤，如图3-5所示。

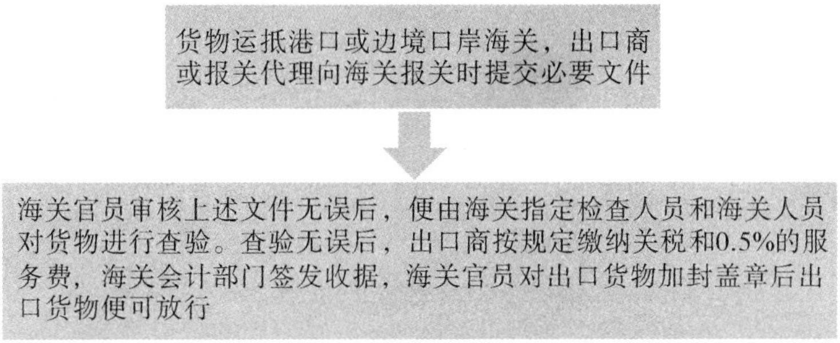

货物运抵港口或边境口岸海关，出口商或报关代理向海关报关时提交必要文件

海关官员审核上述文件无误后，便由海关指定检查人员和海关人员对货物进行查验。查验无误后，出口商按规定缴纳关税和0.5%的服务费，海关会计部门签发收据，海关官员对出口货物加封盖章后出口货物便可放行

图3-5　出口通关程序

报关时需要提交的文件如下：

出口报关单、提货单、商业发票、装箱单、运输单据、GSP（出口普惠制国家）申报表A、保险单、银行出具的信用证复印件或预付款证明、尼泊尔中央银行印制的外汇申报单、公司营业执照复印件、公司缴纳所得税证明、农产品及植物检验证明影印件、文物管理部门出具的证明（出口具有文物价值的塑像、唐卡、木刻等）、国家公园及野生动物保护管理局出具的证明（出口动物骨头和角类等）、国家生产开发中心出具的向美国、加拿大出口服装的签证证明、尼泊尔工艺品协会出具的出口工艺品和银器的证明，以及要求报关行（人）代理的委托书，运输声明（每车一份），过境海关申报单，途径印度、孟加拉国到第三国的货物过境运输发票。

#### 2. 企业出口关税申报与检验

企业出口关税申报与检验流程如图3-6所示。

提交材料：运输进出口货物的驾驶人员，应该在运输车辆入关前向海关官员提供有关所运输商品的细节材料

申报表的填写和提交：出口商品应填写关税申报表，同时在向相关地区海关提交申报表时提交规定的文件材料。已经免除关税的商品不需要填写关税申报表，但不包括进出境旅客行李中的商品。如不能提交规定的文件，相关人员可以提出申请并陈述其理由，以延期提交相关材料，但须规定补交文件的期限，海关官员可以规定条件或者要求提供合理数额的押金作为担保

申报表审核：提交申报表后，海关将对商品出口进行审核与检验，必要时将进行物理审核

估算：在进行审核与检验后，海关将根据规定确定出口商品的海关完税价格

确定关税：在确定海关完税价格后，海关应确定应对商品征收的关税

商品结算：除非商品依据现有法律享有关税减免，海关只能在上一步骤征收关税后予以办理结关手续

关税的确定：如果结关，当日的税率与和汇率与缴纳税款当日的不同，则应当按照截关当日计算。已经征收关税的商品到达海关，海关官员应在履行必要程序后办理结关手续

正式出口：只有出口商或者其代理人在提交了申报表、缴纳了关税，并且海关办理了结税手续和检验手续后，商品才可以出口。通过电子方式出口软件的，中央银行应该在对有关出口协议、发票和进口方提供的支付凭证作出认证后，才可以出口

**图 3-6　企业出口关税申报与检验流程**

注意事项：

一是尼泊尔禁止出口的商品、出口商品关税税率和必须领取出口许可证的限制出口商品需要特别注意。

二是尼泊尔政府规定，除了少部分初级产品（23 种）外，大部分出口商品免缴关税，只缴纳 0.5% 的服务费；对生产环节的一切税收，出口时予以退还；对进料加工复出口的产品，免除原材料进口环节的一切税收。

## ▷ 四、中国企业进入尼泊尔市场需要重点注意的合规事项

### （一）投资方面

尼泊尔自然资源贫乏，基础设施落后，当地企业合作意愿及能力不强。值得关注的是，尼泊尔水电资源相对较为丰富，政府也将水电列为优先发展的重点行业，预计水电资源开发将成为中资企业对尼泊尔投资的亮点。中资企业到尼泊尔投资应注意下列问题：

一是由于尼泊尔政治势力错综复杂，虽已完成三级选举，但全国性的罢工、游行示威等活动仍时有发生，企业正常生产经营活动时受干扰。企业需要密切关注尼泊尔政局动态和前景，避免卷入政治斗争，尽量弱化政治因素对项目的影响。

二是尼泊尔行政体系效率低下，吸引外资的政策尚不完善，现有的优惠政策也无法充分落实，外资企业和本地企业的待遇区别不大。企业可以从中国驻尼泊尔大使馆经商处网站了解尼泊尔有关法律和政策等信息。

三是尼泊尔资源匮乏，缺乏必要的公路、仓库、电力、生产和生活用水等基础设施，油料和燃气供应不能保障，供需矛盾突出，投资服务设施和配套政策也亟待改善。企业来尼泊尔投资或开展产能合作，应认真进行市场调研，慎重决策。

四是对拟投资合作的领域或项目进行充分市场调查和项目可行性研究。

五是到有关投资合作的咨询机构咨询相关问题。

六是如果有尼泊尔合资合作伙伴，应对其进行详尽的尽职调查。建议寻求当地较有实力的企业家进行合资合作。对尼方项目代理人需严格考察，避免上当受骗。

七是确定项目，到工业局申请注册。建议通过上述投资促进机构寻找

律师代办相关手续，以便企业以最低的价格和最短的时间完成注册。

八是守法经营，照章纳税。如需雇用当地员工，必须依法签订劳资合同。

九是遇到问题可向中国驻尼泊尔大使馆经商处反映并寻求帮助。

## （二）贸易方面

尼泊尔属于进口依赖型国家，其生活消费品、生产原材料、原油等均依赖进口。中国已经成为尼泊尔第二大贸易伙伴，2014 年中尼贸易量突破 23 亿美元。2015 年，尼泊尔发生地震后，两国贸易额下滑至 8.66 亿美元，之后逐步回升。目前，中尼贸易主要通过吉隆口岸经海运转印度加尔各答港来完成。

中资企业与尼泊尔企业开展进出口贸易应注意以下问题：

一是尼泊尔商贸企业普遍规模偏小，在贸易往来中应注意了解尼泊尔企业资信情况，尽量避免产品赊销。

二是尼泊尔盛产虫草、石斛等珍稀草药产品，该类产品实行许可证管理制度，在经销此类产品时应注意合法经营。

三是严格遵守尼泊尔进出口法律法规，禁止走私黄金、珍稀动植物制品等违禁物品。

四是杜绝贸易欺诈行为，保障出口产品质量，避免陷入法律纠纷。

五是尼泊尔基础设施差，运输成本高，港口转运和手续办理时间长，需注意滞港周期和费用核算。

## （三）承包工程方面

一是尼泊尔承包工程市场大多采取"最低价中标"原则，竞争较为激烈。在政局不稳、基础设施不完善的情况下，企业需要进行全面的市场调研，谨慎投标，避免低价中标陷入困局。

二是尼泊尔业主熟悉国际承包市场规则，大多使用国际通用的国际咨询工程师联合会合同条款，但往往删除或更改对业主不利的条款，通过合同细节的规定，将各类风险转嫁给承包商，企业必须对此高度重视，加强合同谈判力度。

三是业主履职不力、审批手续烦琐冗长等导致工期延误的现象较为普遍。尤其是在征地方面，难以按照约定完成征地，往往导致工期严重滞后。企业索赔的程序复杂、时间漫长，且索赔的结果往往仅为延长工期。

四是根据当地的有关法律规定，承包工程公司需要办理税务登记。承包企业要请业主联系当地社团做好施工地区居民工作，以保证施工正常进行。一般都要向当地律师进行咨询，重要的工程一般要聘请当地律师作为法律顾问。

五是尊重当地居民的宗教信仰和风俗习惯。在尼泊尔不能食用黄牛肉，黄牛、狗、乌鸦等都是当地居民尊重的神灵。

## （四）劳务合作方面

尼泊尔是劳务输出国而非输入国，因此外国人很难有机会在尼泊尔就业。外国劳务在尼泊尔的情况有三种：援外、工程承包和投资企业带入的劳务；自行入境谋职的个别劳务；当地企业需要的特殊劳务。中资企业如果带入劳务，应注意了解尼泊尔有关法律、政策和工作许可程序；依法带入劳务，应为其办理工作许可证、商务签证或工作签证；用人单位应和劳务人员签订有关劳务、劳资合同，明确合同期、签证办理、工资、待遇和违约等条款。

## （五）风险防范

在尼泊尔开展投资、进行贸易、承包工程和进行劳务合作的过程中，要特别注意事前调查、分析、评估相关风险，事中做好风险规避和管理工作，切实保障自身利益。包括对项目或贸易客户及相关方的资信调查和评估，对投资或承包工程国家的政治风险和商业风险的分析和规避，对项目本身实施的可行性进行分析等。相关企业应积极利用保险、担保、银行等保险金融机构和其他专业风险管理机构的相关业务保障自身利益。包括有关贸易、投资、承包工程和劳务类信用保险、财产保险、人身安全保险等，银行的保理业务和福费庭业务，各类担保业务（政府担保、商业担保、保函）等。

建议中国企业在尼泊尔开展对外投资合作过程中使用中国政策性保险机构——中国出口信用保险公司提供的包括政治风险、商业风险在内的信用风险保障产品，也可使用中国进出口银行等政策性银行提供的商业担保服务。

根据尼泊尔的投资合作环境和中资企业以往的经验，中资企业应注意以下事项：

一是由于近年来尼泊尔政局不稳、经济落后、法制不健全等原因，目前当地政府行政部门的一些不规范行为难以杜绝。

二是社会治安问题较多，罢工、游行和示威频频发生，凶杀、抢劫和偷盗也时有发生。尽管在尼泊尔外国人遭受袭击的现象极少，但也应注意以下几点：遵守当地法律法规；办公和住所采取防盗措施；单身人员外出不要带大量财物；单身女性白天尽量不要单独出行，夜间尽量不要外出；遇到危险情况立即报警。

三是尼泊尔严禁珍稀物品出境，如象牙、红木和犀牛角等，违规者可能面临较重刑罚。

四是尼泊尔司法程序烦琐，周期较长，所付出的人力、财力较多，且即使胜诉，能否顺利执行仍是未知数。因此要在前期充分做好准备，避免发生纠纷。

## （六）建立和谐关系

### 1. 处理好与政府和议会的关系

（1）政府各部门对经济事务的责权范围

外交部：管理含经济事务在内的整体外交。

财政部：管理财政方面的经济事务（主管外国援助、贷款、海关、税务和审计）。

国防部：管理军工和军火方面的事务（主管工程用炸药的审批、运输和看护）。

内政部：维护秩序稳定，管理警察、武警及民政事务。

联邦事务与总行政部：管理和地方经济开发相关的事务，国家公务员以及政府工作人员编制和调配等事务。

教育、科学与技术部：管理教育、语言文字、科学技术方面的事务。

司法和议会事务部：管理司法行政方面的事务。

工业、商业与供应部：管理工业和投资合作方面的经济事务（主管企业注册和外国投资合作），以及商业和贸易方面的经济事务（主管对外贸易、物流和进出口检验）。

信息与通信部：管理电信建设和管理方面的经济事务（主管国内电信系统建设等）。

文化、旅游与民航部：管理旅游和民航方面的经济事务（主管旅游、民航）。

劳动与就业部：管理劳动力方面的事务（主管劳务输入和输出、国内劳务市场）。

能源、水资源与灌溉部：管理能源发展、水资源利用和管理方面的经济事务（主管水利水电开发、利用、管理和招投标），与水利灌溉设施相关的事务（主管灌溉基础设施的规划、管理和执行）。

城市发展部：管理城市基础设施建设方面的经济事务（主管给排水、基础设施建设、房建和此类外国援助项目的实施和管理）。

林业与环境部：管理林业和环境保护方面的经济事务（主管林业、植物和草药的开发利用、贸易监管）。

基础设施与运输部：管理基础设施规划、开发和建设方面的经济事务（主管公路、铁路、桥梁等基础建设方面的开发、招标和管理）。

农业、土地管理与合作社部：管理农业方面的经济事务（主管农业方面的投资合作、贸易、食品安全和动物检疫），国家土地管理相关的经济事务（主管土地和可持续发展）。

卫生与人口部：管理医药、健康、人口和有关机构方面的经济事务（主管医疗卫生方面投资、贸易许可、检验和监管）。

青年与运动部：管理青年发展和体育事务。

妇女、儿童和社会福利部：管理妇女、儿童和社会福利方面的事务。

（2）议会对经济事务的责权范围

议会对经济事务的责权范围：讨论政府内外经济政策的执行情况，通过年度财政预算，通过法案、决议，制定和修改法令。

（3）中资企业与尼泊尔政府和议会沟通中的注意事项

遵守尼泊尔国家和地方各项法律法规、各行各业的规章制度、民族和社团的风俗习惯，做到合法注册、守法经营，以显示出中资企业和投资者的良好风范。

把自己的事情办好，把企业经营好，依法纳税，为当地做出应有的贡献。

在上述基础上，与尼泊尔政府、议会有关部门和机构建立正常、友好的关系，以便更好地调查研究、拓展业务。

**2. 妥善处理与工会的关系**

尼泊尔党派众多，主要党派均有所属工会组织。主要党派在外资项目执行过程中实际影响较大。中资企业向来重视妥善处理与尼泊尔各党派的关系。

一是在选择合作伙伴时，尽量选择有经济实力的合作伙伴，通过利益捆绑实现合作共赢。

二是在项目执行前，充分了解项目所在地党派（工会）情况，提前做好工作；雇用尼泊尔员工应签订符合法律的合同和协议；在日常的生产经营中要与雇员和工会保持沟通，了解雇员的思想动态，对其进行必要的疏导，发现问题苗头及时采取有效解决措施；与工会和员工发生矛盾时，应及时沟通，通过直接谈判解决争端，维护企业正常经营。

【案例】尼泊尔党派（工会）在当地民众中一般影响较大。某中资企业在项目发生纠纷后，及时通过当地党派（工会）做工作，有效弱化了当地劳工的排外心理，纠纷得到快速解决。

**3. 密切与当地居民的关系**

发展经济已成为尼泊尔政府和人民的共识，因此当地居民对外国企业总体持欢迎态度。由于地缘、历史、政治、经济、文化、风俗和习惯的关系，尼泊尔政府和人民对中国政府和人民一直怀有深厚的感情，他们认为中国始终奉行平等互利、互通有无、互不干涉内政的原则，是一个值得尊敬的大国。中国人在尼泊尔普遍受到尊敬、得到支持，和当地人很容易相处。中国人对尼泊尔人应保持平等互敬的态度，应合理应对当地居民诉求，维护和发展中尼友谊，促进两国经济的发展。目前，部分在尼泊尔的中资企业通过雇用当地人参与在建项目、帮助当地修建道路、组织当地居民与企业人员联欢等方式，为当地居民提供福利，与当地居民建立了良好的关系。

**4. 尊重当地风俗习惯**

第一，黄牛、乌鸦、狗、蛇、猴子等动物在尼泊尔是神的化身，无论有意无意，只要伤害了这些动物，就可能受到惩罚。尤其是黄牛，即便阻碍了过往车辆，也不可伤害它们。

第二，尼泊尔存在多种宗教信仰，不同的教徒有不同的饮食习惯，请客吃饭时要注意这一点，避免忌口的饭菜上桌。例如，伊斯兰教徒不吃猪肉，也忌谈猪，在斋月里日出之后、日落之前不能吃喝；佛教徒不吃荤；印度教徒不吃牛肉。

第三，尼泊尔许多家庭都有进屋脱鞋的习惯，到尼泊尔家庭做客，应尊重这一习惯。

第四，摇头表示赞赏和同意。

第五，不要在尼泊尔人面前评论该国政府和人民的弱点，以免伤害他们的自尊心。由于尼泊尔受印度政治、经济和文化的影响较大，涉印的言论应慎重。

### 5. 依法保护生态环境

（1）生态环保的标准水平

尼泊尔生态环保的标准很不完善，根据《1997 年环境保护法》和《1997 年环境保护规则》，衡量环境的好坏依据的是《初步环境检验报告》或《环境影响评估报告》。2001 年 11 月，尼泊尔最高法院发布命令，制定针对空气、水、噪音等的环保标准。2003 年 7 月，《国家环境空气质量标准》（NAAQS 2003）出台，但针对水质和噪音质量的标准尚未制定。根据《国家环境空气质量标准》，可吸入颗粒物、二氧化硫、二氧化氮、一氧化碳、铅和苯是空气污染的主要成分。

（2）生态环保的重点领域

《1997 年环境保护法》规定，政府可以通过公告宣布某些名胜古迹、文化遗产、珍稀野生动植物以及某些区域为环保重点。

（3）中资企业在尼泊尔应采取的环保措施

①开办工业企业，要主动配合政府进行初步环境审查或环境影响评估；

②企业从建立起，就应符合尼泊尔政府的各项环保要求，试图使政府官员降低"门槛"的做法是不可取的；

③尼泊尔市区汽车尾气污染严重，企业选址宜远离马路，或采取相应封闭或防护措施；

④如果企业设在加德满都等水质不好的地区，应配备水处理设施，或外购饮用水；

⑤根据尼泊尔劳动法要求，要保证企业生产环境符合相关环保要求。

**6. 承担必要的社会责任**

根据尼泊尔法律法规和中尼两国经贸关系现状，中资企业在尼泊尔应承担的社会责任有很多，例如：

①依法经营，依法纳税，根据不同时期的规定缴纳各种规费；

②生产和提供消费者满意的产品，不经营假冒伪劣产品；

③保证雇员的工时、安全生产和待遇，不雇用童工；

④通过培训雇员，为社会培养专业人才；

⑤参加各种公益活动，敬老爱幼，扶贫救灾；

⑥维护社会秩序、治安、保持良好风气和环境卫生；

⑦尊重当地规则、风俗和习惯；

⑧为政府提出各种合理化建议。

【案例】2014 年 1 月 24 日，尼泊尔中资企业协会组织成员单位为加德满都 Shree Manohar 高中举办了慈善捐助活动，捐赠物资价值逾 50 万尼泊尔卢比。2017 年 4 月，在尼泊尔发生地震两周年之际，尼泊尔中资企业协会组织成员单位赴地震灾区举办捐赠活动。上述捐助活动在当地均获得了广泛好评，提高了中资企业在尼泊尔的良好形象。

**7. 懂得与媒体打交道**

尼泊尔媒体种类繁多，主流媒体中有代表政府利益的、代表其他国家利益的，也有代表某些组织利益的。中资企业应充分利用当地媒体的宣传作用，采取积极主动的态度，通过多种媒体渠道宣传企业形象和品牌形象：

①在当地有影响力的报纸和杂志上刊登广告；

②针对企业正在发生的重大事件，召开媒体发布会或邀请媒体参与；

③对媒体的询问做出积极的反应，与他们公开坦诚地交流；

④要与媒体和记者、编辑等保持良好的沟通。媒体发布对本企业不利的消息时，最好能事先知道，采取相关预防措施，事后要进行必要的弥补和沟通。

目前，尼泊尔中资企业协会已经与驻尼泊尔新华社、中新社、中国国际广播电台等媒体建立了良好的合作关系，通过多种媒体渠道向尼泊尔社会宣传中资企业形象。

### 8. 学会与执法人员打交道

如被执法部门搜查或拘捕，要保持冷静，不要与执法人员发生争执和冲突，注意保存有关证据，积极通过法律途径维护合法权益。

尼泊尔警察的职责主要有：

①维护公共秩序，保持社会安全；

②减少犯罪，保护人民生命和财产安全；

③调查犯罪和逮捕罪犯；

④为需要帮助的人提供帮助；

⑤保证交通顺畅和安全；

⑥调解国内纠纷。

尼泊尔检察官的职责主要有：

①指示和引导警察进行调查；

②从调查中搜集证据；

③通过警察（在检察官办公室）记录被告口供；

④做出判定；

⑤诉诸法庭。

尼泊尔税务执法人员的职责主要有：

①个人所得税和增值税征管；

②消费税和酒类产品税征管；

③出口退税；

④税务裁定；

⑤税务登记；

⑥税务审计；

⑦税收调查和强制征税；

⑧上诉。

尼泊尔中资企业协会自成立以来，多次邀请尼泊尔工业局、劳动局、移民局、税务局等有关执法部门与中资企业举办讲座、交流等活动，加强了中资企业与执法部门之间的沟通与联系，建立了良好关系。

### 9. 传播中国传统文化

随着越来越多中资企业赴尼泊尔开展投资合作，中国传统文化必然随之进入尼泊尔。中资企业和人员在尼泊尔开展投资合作的过程中应当注重弘扬中国传统文化。

## 10．其他

中国企业在尼泊尔发展和经营还要注意：

一是如果投资可能导致当地同行企业亏损或破产，最好放弃这一投资，否则将可能面临当地同行的排挤和打压；

二是不要用不正当竞争方式侵犯当地企业的利益，否则可能导致对手的报复；

三是通过合理合法途径降低风险。如某中资企业在承揽某小型水电站项目之前，在国内银行申请了履约担保，并在尼泊尔当地银行申请了反担保。在项目被迫中断后，通过银行担保将企业损失降到了最低。

# 第四篇

## 孟加拉国

## ▷一、中国与孟加拉国经贸合作概况

### （一）孟加拉国概况

孟加拉国位于南亚次大陆，连接中国、印度和东盟这三个世界上重要的经济体，区位优势明显。就投资环境而言，孟加拉国的优势主要体现在政府重视、政策优惠、经济增长较快、市场潜力较大、劳动力资源充足且价格低廉等方面。但同时其存在基础设施差、水电气资源缺乏、政府部门办事效率低下、易发生劳资纠纷、当地商人资信度低等问题。世界银行《2020 年营商环境报告》显示，孟加拉国在 190 个经济体中排名第 168 位。就宏观经济而言，近 10 年来，孟加拉国国内生产总值（GDP）年均增长率维持在 6%以上。2018/2019 财年，农业、工业和服务业三大产业占 GDP 的比重分别为 13.6%、35%和 51.4%。2018/2019 财年，孟加拉国主要进口商品为纺织及手工艺品、机电产品、金属及金属制品等；主要出口商品为成衣、黄麻及黄麻产品、皮革及皮革制品、冷冻鱼虾、家用纺织品、医药产品等。

### （二）中孟经贸合作概况

中孟两国自 1975 年建交以来，双边关系保持健康发展。中国连续多年为孟加拉国第一大贸易伙伴；2019 年中国对孟加拉国投资增量排名第一。经贸合作成为促进双边关系健康发展的"压舱石"和"稳定器"。孟加拉国是"一带一路"倡议和"孟中印缅经济走廊"沿线重要国家。投资方面，截至 2020 年年底，中国对孟加拉国投资领域涉及电力、公路、服装、纺织、陶瓷等，但主要集中在基础设施、纺织服装及其相关的机械设备等领域。主要投资企业有中国机械进出口集团公司、北方国际合作股份公司、利德成服装公司、新希望孟加拉国有限公司等。承包劳务方面，目前，中资企业在孟加拉国工程承包呈现以下特点：工程项目主要集中在基础设施领域，如电力、河道疏浚、水厂等领域。企业正在积极尝试以融资方式承揽项目。目前，中孟两国尚未签署货币互换协议、基础设施合作协议和自由贸易协定。

# ▷二、孟加拉国对外国投资合作的相关政策及法律法规简介

## （一）孟加拉国对外贸易政策

### 1. 贸易主管部门

孟加拉国商务部主管该国大流通行业（含内贸和外贸）。商务部下设办公厅、对外贸易协定局、出口局、进口和国内贸易局、世贸组织局、纺织局、计划局等部门，并负责管理出口促进局、海关税则委员会、茶叶局、股份公司注册局等机构、科研院所及贸易公司。

### 2. 贸易法规体系

孟加拉国与贸易相关的主要法律有：《1950 年进出口法案》《2006 年国家出口奖励政策》《1981 年进口商、出口商、采购商（注册）令》等。

### 3. 贸易管理的相关规定

（1）进口管理

孟加拉国实行贸易自由化政策，但有许多一般商品仍被列入禁止/限制进口商品清单中，包括：恐怖、淫秽或有破坏性的文学作品（任何形式），任何与孟加拉国宗教信仰不同的书、报纸、期刊、图片、影片及音视频存储介质，二手办公设备、复印机、电报机、电话、传真机等，所有种类的废弃物，猪肉及其制品等。孟加拉国一般情况下要求以不可撤销信用证的方式进行国际贸易结算，进口贸易也不得采用成本加保险费加运费（CIF）的贸易方式。

（2）出口管理

孟加拉国绝大部分商品可自由出口。限制出口的产品包括：尿素、音视频娱乐节目、天然气附属产品、《化学武器（控制）法案》中列明的部分化工产品等。禁止出口的产品包括：除天然气附属产品外的其他石化产

品、黄麻种、小麦、武器、放射性物质、人体器官及血液，除冷冻虾以外的其他虾类产品、野生动物等。此外，为鼓励出口，孟加拉国政府还特别为纺织企业，以及冷冻鱼、黄麻、皮革、船舶、农产品加工品等产品制定了特殊政策。

**4. 海关管理规章制度**

（1）主管部门

孟加拉国未设独立的海关总署，而是在其财政部国税局设立负责海关事务的海关关长等官员，并在吉达港、达卡等口岸设有海关机构。另外，在其商业部下设有"进出口控制"部门，负责进出口许可凭证及进出口登记凭证的颁发。许可凭证指的是在特定情况下对进出口授权的凭证，包括进口许可凭证、清关许可凭证、出口许可凭证及复出口许可凭证等。

（2）关税

海关管理依据的主要法律制度为《1969 年海关法》。

孟加拉国现行的关税税率总共六档，从低到高依次为 0、3%、5%、12%、15%以及 25%。机械设备类产品关税税率为 3%，基础原材料关税为 7%，半成品关税 12%，成品关税 25%。

出于鼓励进口的目的，部分商品可免税进口，如纺织用原料和机械，某些农业灌溉机械，家禽及制奶业使用的动物饲料、某些药品、医疗设备，皮革用化学制品，国防设备，私人发电设备、太阳能设备等。此外，孟加拉国对当地紧缺资源或机械设备等征收的关税极低，对竞争性进口货如纺织服装及日用消费品，尤其是奢侈品则征收较高关税。孟加拉国关税税率每财年会进行调整，部分产品的关税调整幅度较大，请出口商予以关注。主要进口商品关税如表 4-1 所示。

表 4-1　孟加拉国主要商品进口关税

| 商品类别 | 关税税率 |
| --- | --- |
| 鲜活动物、烟酒饮料、木材及木质工艺品、珠宝及贵金属、武器弹药、古董 | 5%~25% |
| 蔬菜、食用油、化工产品、纸浆、矿产、纺织品、交通工具、医疗器械 | 0~25% |
| 橡胶及其制品、皮革及其制品、陶瓷及玻璃器皿、机械及配件 | 3%~25% |
| 皮鞋、人造花、假发 | 25% |

资料来源：孟加拉国海关。

（3）附加税费

进口货物在进入孟加拉国市场之前，一般在清关时一次性缴完所有环节的税款。除关税外，还需缴纳以下费用：

基础设施建设费（IDSC）：2.5%。除原皮革、棉花、合成纤维及计算机软硬件等商品外，孟加拉国对几乎所有进口商品征收基础设施建设费。

增值税（VAT）：15%。除另有免除规定外，对所有进口商品和国产商品均征收 15% 的增值税。

预提收入税（AIT）：5%。

补充税（SD）：10%~60%。孟对某些奢侈品和违背伊斯兰教习俗的产品如烟、酒、某些化妆品、瓷砖、大引擎汽车、空调、冰箱和电视等进口产品另行征收补充税。

进口调节税（RD）：5%。根据需要，如迫于外汇储备压力等，孟加拉国还会对某些进口商品临时加征进口调节税。

上岸费（LC）：1%。

（4）进出口商品检验检疫

孟加拉国实施进口商品船前检验制度（PSI），对输往孟加拉国的货物在装船前实施货值评估及散装状态检验（CKD 或 SKD 检验）。PSI 属强制性进口管理规范，除非另有规定，该制度适用于世界各国和地区所有向孟加拉国输入的货物。共有三家外国公司通过竞标并接受孟加拉国政府授权负责实施 PSI 制度，其中英国 Intertek Testing Services（ITS）公司负责中国输孟货物的船前检验。

PSI 制度旨在防止进口商低报发票金额或错报 H. S. 编码，但它仍然引发了众多进口贸易方面的问题，如负责实施 PSI 的公司签发清洁报告（CRF）不及时，导致进口商无法及时报关；负责实施 PSI 的公司对产品估价高于出口商发票价格导致孟进口商必须支付更高进口税，从而增加了进口商的进口成本，部分进口商便以货物存在质量问题或单证不符等理由拒收货物；等等。因此，PSI 制度在客观上对进口贸易造成障碍，一定程度上影响了贸易的正常进行，从而形成贸易壁垒。

## （二）孟加拉国市场准入政策

### 1. 投资主管部门

孟加拉国投资管理部门较多，分工很细。外国投资者和当地投资者一样，需要根据投资的区域、规模、行业和股比，选择相应的投资管理机构。

孟加拉国出口加工区管理局（BEPZA）：负责注册、管理出口加工区内的所有项目。

孟加拉国经济区管理局（BEZA）：负责注册、管理经济区内的所有项目。2019 年 10 月，BEZA 启用一站式服务中心。

孟加拉国小作坊工业公司（BSCIC）：负责注册投资 3 000 万塔卡以下的工业项目和注册投资 4 500 万塔卡以下的老项目改造、更换设备或扩大规模。

金融机构和商业银行，包括发展基金（DFI）和国有商业银行（NCB）：负责审批注册其资助的工业项目。

孟加拉国计划委员会（PCBG）：负责审批孟加拉国公共部门与内外资私营部门合资的公共部门项目（孟加拉国公共部门股比占 50% 以上）。

孟加拉国投资发展局（BIDA）：负责审批上述项目以外的其他项目。2019 年 2 月，BIDA 开通一站式投资服务窗口。

**2. 投资行业的规定**

孟加拉国关于外商投资领域的政策非常开放，只有武器、军用设施及国防机械设备制造，核能源生产，有价证券（钞票）的印刷和铸造，以及森林保护区内的森林种植及机械化开采四个行业为保留领域，不允许外国企业投资。其他所有行业都属于孟加拉国政府鼓励投资的范围。不过，孟加拉国政府对外商在银行、保险及其他金融机构行业的投资，采取了一定的限制措施。

（1）禁止的领域

军火、军用设施及国防机械设备制造；在森林保护区内的森林种植及机械化开采；核能源生产；有价证券（钞票）的印刷和铸造。

（2）限制的领域

出于环境保护、公众健康，以及国家利益的考虑，孟加拉国政府可根据实际情况，确定某些领域为限制领域。目前，限制领域包括：深海捕鱼；银行/金融机构私营业务；保险公司私营业务；私营领域电力生产、供应和传输；天然气、油、煤、矿产的勘探、开采和供应；大规模项目（如高速公路、单轨铁路、经济区、内陆集装箱装卸站/货运站）；原油精炼；用天然气和其他矿产为原料的中大型工业；通信服务；卫星频道；客运/货运；海滨船运；海港/深海港；VOIP/IP 电话等。

（3）鼓励的领域

除了上述禁止投资的领域，外国公司或个人均可在国民经济各领域进行投资。在互利的基础上，投资方式可以选择独资或合资。孟加拉国政府鼓励外国投资的领域包括：基础农业和农产品加工业；人力资源出口业；造船业；可再生能源业；旅游业；基础化工业；成衣业；草药；黄麻及黄麻制品；皮革及制品；医院和医疗；轻工业；塑胶业；家具业；手工制品；节能产品；冷冻渔业；茶业；家纺；制陶业；珠宝业；玩具业；集装箱服务；仓储业；创新和进口替代品业；化妆品业等。

**3. 投资方式的规定**

孟加拉国法律对资本形态和股权比例无限制，外国投资者可以享有100%的股权，允许外商投资独资企业、合资企业、私人有限公司、公众有限公司等，对于外国自然人在孟加拉国开展投资合作不设限制。出资方式可采取现汇、设备、技术等多种方式，对以二手设备出资无特殊规定。外国投资建设经济区、出口加工区，必须取得相关主管部门的许可。

在孟加拉国并购上市公司，必须由并购企业提出计划，与当地法院一起讨论，经75%有投票权的股东投票通过后，方案生效。

为规范银行或金融机构并购重组的办理流程，孟加拉国央行制定了银行或金融机构并购重组的指导意见。

**4. 基础设施 PPP 模式发展情况**

PPP 模式指政府和社会资本合作，是公共基础设施中的一种项目运作模式。该模式鼓励私营企业、民营资本与政府进行合作，参与公共基础设施的建设。政府采取竞争性方式选择具有投资、运营管理能力的社会资本，双方按照平等协商原则订立合同，由社会资本提供公共服务，政府依据公共服务绩效评价结果向社会资本支付对价。

2012 年 8 月，孟加拉国政府颁布《公私合营法》，为 PPP 项目的实施提供了明确和透明的法律依据和程序框架，并且设立了专门的 PPP 局，负责全国 PPP 项目投资人的选择和管理。孟加拉国政府允许外国投资者通过 PPP 等方式，参与孟加拉国基础设施建设，并对外国投资者给予国民待遇。

PPP 项目可以涉及任何社会或经济基础设施，例如交通领域的港口、机场；能源领域的电站、输电线路；民生领域的经济特区、公共建筑、商业地产、住宅、教育建筑、医院、供水、污水处理等，具体特许经营年限由 PPP 局、项目涉及的具体政府部门和投资人根据项目资金回收期等具体情况共同商定，无特定的固定期限。中资企业可积极利用 PPP 模式参与孟加拉国基础设施建设。

### （三）孟加拉国关税政策

目前，孟加拉国税种包括增值税、关税、消费税以及所得税，税收体系以所得税和增值税为核心。关于孟加拉国详细的税收制度规定，建议参考国家税务总局编写的最新版《中国居民赴孟加拉国投资税收指南》。

#### 1. 所得税

所得税分企业所得税和个人所得税。对于企业所得税率，一般非上市公司为 35%，上市公司为 25%；银行、保险公司、金融公司（非商业银行）中上市银行及第四代银行为 40%，其他为 42.5%，商业银行为 37.5%，烟草制造公司为 45%，移动电话运营商为 45%（其中上市公司为 40%）；成衣制造企业的企业所得税率为 15%；纺织品生产企业的企业所得税率为 20%；加工出口黄麻制品企业的企业所得税率为 10%；出口企业的企业所得税率为 50%。孟加拉国居民纳税人适用 6 级超额累进税率计算缴纳个人所得税。年度总收入不超过 25 万塔卡（女性及 65 岁以上纳税人为 30 万塔卡）的部分税率为 0；25 万塔卡及以上、40 万塔卡以下的部分税率为 10%；40 万塔卡及以上、50 万塔卡以下的部分税率为 15%；50 万塔卡及以上、60 万塔卡以下的部分税率为 20%；60 万塔卡及以上、300 万塔卡以下的部分税率为 25%；300 万塔卡及以上的部分税率为 30%。缴纳所得税可扣除房租、交通费。

2020 年 3 月，为抗击新冠肺炎疫情，孟加拉国对 17 种抗疫所需医疗物资，包括检测试剂、口罩、防护服及其生产原料等，免征进口环节所有税收，以帮助孟加拉国抗击疫情。

#### 2. 增值税

孟加拉国在产品和服务的进口、生产、销售环节征收增值税。企业年营业额在 200 万塔卡以上的，增值税税率为 15%；年营业额在 200 万塔卡以下的，征收 4% 的增值税。为推进网上申报缴税，要求增值税纳税人重新取得增值税纳税人识别号。部分情况可以简易征收。

#### 3. 附加税

孟加拉国对某些烟酒、化妆品、食品、陶瓷、大排量汽车、空调、冰箱、电视机等进口产品，另行征收 20%~35% 的附加税。孟加拉国还对部分服务业征收 10%~35% 的附加税。

### （四）孟加拉国对外国投资的优惠政策

#### 1. 优惠政策框架

孟加拉国政府对外国投资提供一系列税收减免政策，对部分行业投资企业的产品出口给予一定的现金补助。优惠政策包括：

①享受减免税期。特定地域、行业投资享受 5~7 年的所得税减免，基础设施投资可享受最高 10 年的所得税减免；

②新设立企业建厂和机器成本可采用快速折旧法，替代减免税期；

③根据双边税务条约，避免双重征税；

④进口资本设备关税优惠（出口导向性企业为 1%，其他企业为 3%）；

⑤出口导向型企业，进口原材料关税优惠；

⑥提供保税仓库；

⑦对特定产品出口提供 5%~20% 不等的现金鼓励和出口补贴；

⑧享受出口促进基金，出口信贷担保，出口导向型企业产品的 20% 可本国销售；

⑨特许权使用费、技术转让费和技术服务费收入可汇出；

⑩投资额超过 7.5 万美元，可申请永久居留；超过 50 万美元，可入籍。

#### 2. 行业鼓励政策

孟加拉国鼓励以出口为导向的企业赴孟加拉国投资，以拉动国内经济并扩大就业。为鼓励投资并刺激出口，孟加拉国政府对部分行业实行现金补贴，2019/2020 财年具体补贴比例为如表 4-2 所示。

表 4-2　2019/2020 财年孟加拉国政府对部分行业现金补贴比例

| 出口商品品类 | 补贴比例/% |
| --- | --- |
| 服装（出口至新市场）额外补贴 | 1 |
| 服装（出口至欧元区） | 2 |
| 纺织、服装成衣（中小企业） | 4 |
| 信息通信产品（出口至新市场） | 4 |
| 经济区内企业出口用合成纤维和织物制成的鞋包至新兴市场获得额外补贴 | 4 |

表4-2（续）

| 出口商品品类 | 补贴比例/% |
|---|---|
| 冻鱼（根据内含冰重量不同比例计算） | 2~5 |
| 虾（根据内含冰重量不同比例计算） | 7~10 |
| 黄麻麻线、麻纱 | 7~10 |
| 家电、医药、医疗器具、光伏模块、摩托车、化学制品、剃须刀及刀片、陶瓷制品、帽子、螃蟹、泥鳗、镀锌板、船、塑料制品、PET产品、纸 | 10 |
| 粗麻布、麻袋布和地毯底布 | 12 |
| 信息通信产品、皮革制品、家具、蓄电池、合成纤维和织物制的鞋和袋 | 15 |
| 黄麻制品、木炭、农产品、清真肉、土豆和种子 | 20 |

### 3. 特殊经济区域有何规定

为了通过工业化促进经济的快速发展，孟加拉国政府依法设立了出口加工区，为投资者提供了投资环境适宜和服务手续方便的特殊区域。目前，孟加拉国有8个出口加工区，最大的是吉大港出口加工区和达卡出口加工区。

（1）优惠措施和条件

①基础设施方面：土地和厂房可以租用。区内可提供水、电、天然气。可提供仓储服务。可提供银行服务、快递、邮政服务、清关代理、船运代理、多式联运服务等；区内有海关、警局、内部保安、消防、公共交通、医疗等机构和服务；可提供餐饮、健身、娱乐、学校、运动、电子邮件、内线电话、内部电站、商务中心、钓鱼俱乐部、投资者俱乐部等服务。

②财政方面：减免税期为5~10年，其中2012年1月1日前成立的企业享受10年减免。此后成立的企业，在蒙格拉、依苏尔迪、乌特他出口加工区享受前三年免除100%，第四至六年免除50%，第五年免除25%的优惠政策；在吉大港、达卡、库米拉、阿当吉和卡纳普利出口加工区享受前两年免除100%，第三、四年免除50%，第五年免除25%的优惠政策。

投资者还可享受以下优惠政策：

免税进口机器、办公设备和组件等；

免税进口建筑材料；

原料和产品进出口免税；

根据双边协定避免双重征税；

免征利息税；

可享受普惠制待遇；

被批准的机器和厂房可允许加速折旧；

专利费、技术费和咨询费可汇出境；

进入欧盟、加拿大、挪威、澳大利亚等国，可享受免关税、免配额待遇。

③非财政方面：所有外国投资均受法律保护，外国投资额度没有限制，允许外资100%控股，允许撤回包括资本收入在内的投资。

投资者还可以享受以下优惠政策：

享受最惠国待遇；

可开设非居民外币存款账户；

便利措施；

孟加拉国出口加工区管理局签发工作许可；

出口加工区是安全和受保护区域；

可享受离岸金融服务；

可以以跟单承兑方式进口；

允许从国内市场进口商品；

可将10%的产品销售到国内市场；

加工区内的所有海关手续在各工厂门口办完；

处理程序得以简化；

允许分包给加工区内外的出口导向型企业；

允许在境内把企业从一个加工区迁至另一个加工区；

符合条件时可获得常驻居民权利或公民权利；

享受单一窗口同天服务和简化程序。

（2）可投资的主要行业领域

孟加拉国鼓励以下行业到出口加工区投资：纺织、农产品加工、化工、电气设备和电器元件、电子产品、软件、光学产品、成衣及配件、机织和针织品、工程产品、皮革制品、鞋类、玩具、医疗和生物仪器、药品、塑料模制品、黄麻作新用途的工业、切割/打磨宝石和半宝石、家庭用具和设备、帽类、珠宝、钟表仪器、科学测量仪器、飞行器仪器、实验室仪器、印刷和复印设备及其附属品、个人用具和设备、乐器等。

（3）申请程序

①从出口加工区管理局处购买项目计划书，费用为 3 000 塔卡；

②提交申请书以及项目计划书中所要求提交的文件；

③如需租地，应交 1 年的租金作为保证金，如需租标准厂房，应交 4 个月的租金作为保证金。

（4）孟加拉国出口加工区简介

①吉大港出口加工区

位置：南哈里沙哈尔，距吉大港港口 3.1 公里（1 公里＝1 000 米，下同），距市商业中心 5.5 公里，距吉大港国际机场 11.3 公里

面积：453 英亩（约合 183 万平方米），共 502 块工业用地，每块地面积 2 000 平方米，价格为 2.2 美元/平方米/年

标准厂房：面积为 65 809 平方米，价格为 2.75 美元/平方米/月

仓库：面积为 2 667.79 平方米，价格为 2.75 美元/平方米/月

供水：由吉大港 WASA 提供，水储量 7.26 百万升/天，价格为 24.74 塔卡/立方米

供气：由 Bakhrabad 天然气公司提供，价格为 6.45 塔卡/立方米

供电：11 千伏三相电，价格为 6.11 塔卡/度

电话：00880-31-741446，740919

传真：00880-31-740031

电邮：epz@ctg-bd.net

②达卡出口加工区

位置：沙瓦，距达卡市中心 35 公里，距沙加娜国际机场 25 公里

面积：361 英亩（约合 146 万平方米），共 442 个小区，每块地面积 2 000 平方米，价格为 2.2 美元/平方米/年

标准厂房：面积为 108 850 平方米，价格为 2.75 美元/平方米/月

仓库：面积为 2 356 平方米，价格为 2.75 美元/平方米/月

供水：由自给供水系统提供，价格为 24.74 塔卡/立方米

供气：由 Titas 天然气公司提供，价格为 6.45 塔卡/立方米

供电：11 千伏三相电，价格为 8.06 塔卡/度

电话：00880-2-7789002，7788822

传真：00880-2-7789003

电邮：gm_depz@yahoo.com

③蒙格拉出口加工区

位置：蒙格拉港口区，分别距离解索里机场、达卡和吉大港105公里、397公里和664公里

面积：460英亩（约合186万平方米），共124块工业地块，每块地面积2 000平方米，价格为1.25美元/平方米/年

标准厂房：面积为9 000平方米，价格为1.6美元/平方米/月

供水：由公众健康工程研究室和自给供水网络提供，价格为24.74塔卡/立方米

供气：暂无供应

供电：11千伏三相电，价格为7.5塔卡/度

电话：00880-4662-75199

传真：00880-4662-75198

电邮：gmmepz@gmail.com

④库米拉出口加工区

位置：库米拉旧机场地区，距吉大港港口167公里，距达卡市97公里

面积：267.46英亩（约合108万平方米），共213块工业地块，每块地面积2 000平方米，价格为2.2美元/平方米/年

标准厂房：面积为29 450平方米，价格为2.75美元/平方米/月

供水：由自给供水系统提供，价格为25.79塔卡/立方米

供气：由Bakhrabad天然气公司提供，价格为6.45塔卡/立方米

供电：11千伏三相电，价格为8.06塔卡/度

电话：00880-81-77055

传真：00880-81-77056

电邮：gm.comepz@yahoo.com

⑤依苏尔迪出口加工区

位置：巴克斯，巴布纳，距孟加拉国加班都大桥130公里、依苏尔迪机场15公里、达卡220公里、吉大港港口484公里

面积：308.77英亩（约合125万平方米），共158块工业地块，每块

地面积 2 000 平方米，价格为 1.25 美元/平方米/年

标准厂房：面积为 18 000 平方米，价格为 1.6 美元/平方米/月

供水：由自给供水系统提供，价格为 24.74 塔卡/立方米

供气：由 Paschimanchal 天然气公司提供，价格为 5.86 塔卡/立方米

供电：11 千伏三相电，价格为 8.06 塔卡/度

电话：00880-731-59002/59009

传真：00880-731-59008

电邮：gmiepz@yahoo.com

⑥乌特他出口加工区

位置：距赛德普耳机场 18 公里、达卡 401 公里、吉大港港口 640 公里

面积：211.99 英亩（约合 93 万平方米），共 202 块工业地块，每块地面积 2 000 平方米，价格为 1.25 美元/平方米/年

标准厂房：面积为 12 400 平方米，价格为 1.6 美元/平方米/月

供水：由自给供水系统提供，价格为 24.74 塔卡/立方米

供气：暂无

供电：11 千伏三相电，价格为 7.32 塔卡/度

电话：00880-551-61307/61119

传真：00880-551-61468

电邮：gm_uepz@yahoo.com

⑦阿当吉出口加工区

位置：离达卡 15 公里、沙加那国际机场 40 公里、吉大港港口 255 公里

面积：293 英亩（约合 119 万平方米），共 307 块工业地块（计划中），每块地面积 2 000 平方米，价格为 2.2 美元/平方米/年

标准厂房：面积为 42 737 平方米，价格为 2.75 美元/平方米/月

供水：由自给供水系统提供，价格为 25.74 塔卡/立方米

供气：由 Titasl 天然气公司提供，价格为 5.86 塔卡/立方米

供电：11 千伏三相电，价格为 8.05 塔卡/度

电话：00880-2-7692938，7691207

传真：00880-2-7692939

电邮：gmaepz@gmail.co

⑧卡纳普利出口加工区

位置：帕藤珈北部，离吉大港港口6公里、吉大港商业中心10公里、吉大港国际机场9公里

面积：222.42英亩（约合90万平方米），共254块工业地块（计划中），每块地面积2 000平方米，价格为2.2美元/平方米/年

标准厂房：面积为19 686平方米，价格为2.75美元/平方米/月

供水：由WASA和自给供水系统提供，价格为24.74塔卡/立方米

供气：由Bakhrabad天然气公司提供，价格为6.44塔卡/立方米

供电：11千伏三相电，价格为10.26塔卡/度（高峰），7.29塔卡/度（非高峰）

电话：00880-31-2501470/2501469

传真：00880-31-2501460

电邮：gm_karnaphuli@yahoo.com

（5）中国企业入驻出口加工区情况

目前，约有100家中国企业（含港资、台资）入驻孟加拉国8个出口加工区，投资额7.7亿美元，雇佣当地员工8.86万人。其中，中国大陆地区企业31家，投资总额1.8亿美元，雇用当地员工2.67万人。2014年，中孟两国就在吉大港地区建立工业园区的事项签署了谅解备忘录，目前，相关项目正在积极落实中。

## （五）孟加拉国关于劳动就业的规定

孟加拉国关于劳动就业的规定参照2006年修订的《孟加拉国劳动法》。

### 1.《孟加拉国劳动法》的核心内容

工厂或企业的员工最小年龄为18周岁。雇佣合同一般为书面合同。雇用前一般有3个月至1年的试用期，试用期内，双方均可提前1个月通知对方终止合同。外资公司辞退员工应提前6个月出具书面通知；如通知期不满6个月，企业应给予补偿，补偿标准约为1个月工资。工人每天工作时间为8小时，每周工作48小时，星期五为休息日。超出规定时间视为加班，加班必须是工人自愿行为，加班费为基本工资的2倍。工人工资由劳资双方协商决定，但不得低于最低标准（5 300塔卡/月）（孟加拉国出口加工区内工人工资按照行业、工种和熟练程度的不同，有最低工资限制，从70美元到140美元不等）。

**2. 外国人在孟加拉国工作的规定**

外国人在孟加拉国工作必须先申请工作许可证。要获得工作许可必须符合下列要求：申请人必须是孟加拉国政府承认的国家的公民，且年龄超过 18 周岁；雇用外国人的企业必须在孟加拉国合法注册，雇用工种必须是孟加拉国所不具备该类技术人员的工种；外国雇员总数不能超过公司雇员总数的 5%；孟加拉国内务部证明该外国人在孟加拉国无犯罪记录。

## （六）外资企业在孟加拉国是否可以获得土地

**1. 外资企业获得土地的规定**

孟加拉国不允许外国人以私人身份买卖孟加拉国土地，但在孟加拉国投资合法注册的公司可以购买土地。除非经过特殊批准，原则上国有土地交易仅限于使用权的买卖，其最高使用年限（租期）为 99 年。注册的林地等不得出售。

**2. 外资企业参与当地农业投资合作的规定**

孟加拉国允许外国投资人在本国设立的公司购买私人拥有的农业耕地，但对国有农业耕地仅能通过承包方式获得经营权，其最长经营期限为 99 年。外国投资者获得国有农业耕地承包经营权后不得改变土地性质和经营用途，未经批准不得擅自将经营权转让给第三人。

**3. 外资企业参与当地林业投资合作的规定**

孟加拉国主要林地均为国有，外国投资者仅能通过承包方式获得林地的经营权。林地经营权期限主要由承包区域决定，不同区域的承包经营时限差异较大。外国投资者获得林地承包权后，未经孟加拉国林业部批准，不得砍伐所承包林地内森林树木。孟加拉国禁止投资者在森林保护区内进行森林种植及机械化开采活动。

## （七）孟加拉国环境保护法律法规概述

孟加拉国是受环境影响较大的国家之一，对环境保护较为重视，但由于人为的因素，法律执行效率不高。

**1. 环保管理部门**

孟加拉国主管环境保护的部门是环境局，该部门总部在达卡，并在达卡、吉大港、库尔那、巴里萨尔、西莱特、博格拉 6 个地区设有分局。主要职责包括：负责解释和修改环保法规，为各行业及相关部门提供环境方面的数据，贯彻执行国家环保法律法规并对执行情况进行跟踪检测，对企业环保设施进行评估并发放合格证书。

**2. 主要环保法律法规名称**

主要环保法律法规包括：1995 年《环境保护法案》、1997 年《环境保护条例》、2000 年《环境法院法案》及 2004 年《消耗臭氧层物质控制法案》。涉及投资环境影响评价的法规为 1995 年《环境保护法案》和 1997 年《环境保护条例》。法案详细内容可登录孟加拉国环境局网站查询。

**3. 环保法规的核心与标准**

孟加拉国的大气环境、水资源、土地和森林等都是其环境保护的核心内容，特别是对红树林自然保护区等关键地区的保护更为重视。按照规定，孟加拉国不允许使用塑料购物袋，机动车必须安装尾气净化器；任何经济主体都有责任消除对环境的有害影响，如企业违背环境保护法律，孟加拉国环保法院可根据情况判处最高 5 年刑期和/或处以 1 470 美元以下罚款；任何工业企业或工程未获得环境清洁证书擅自开工的，可以判处 3 年以下有期徒刑或者罚款不超过 30 万塔卡，或者判处有期徒刑加罚款。

**4. 环保评估的相关规定**

根据孟加拉国 1997 年《环境保护条例》，所有工业项目和工程必须获得环境局核发的环境清洁证书。该证书按照不同行业、不同选址以及对环境的影响，分为绿色、橙 A、橙 B 和红色 4 种，从绿色到红色逐步严格。申请不同颜色的证书需要填写的表格以及提交的材料均不相同。孟加拉国环保局对申领绿色证书 15 日内给予答复，橙 A 证书 30 天内给予答复，橙 B 和红色证书 60 天内给予答复，是否颁发证书均书面告知。绿色证书有效期为 3 年，其他 1 年，各企业必须于证书到期前 30 天申请延期。证书收费按照投资金额或工程总额的不同，从最低收费 1 500 塔卡到 10 万塔卡不等。对于不同企业申领证书的分类、申领证书需提交的材料以及其他相关规定请参见《环境保护条例》。

同时，在孟相关投资项目在被批准前必须进行环境影响评估和初期环境检测，以确定相关项目对环境的影响程度。相关制度还要求投资人在投资过程中切实落实环境管理计划有关要求。

## （八）孟加拉国反对商业贿赂法律法规概述

截至目前，孟加拉国预防、惩治腐败的相关法律规定包括：《2004 年反对腐败委员会法》《2002 年洗钱法》《1979 年孟加拉国政府公务员行为规定》《1958 年刑法修改案》《1947 年预防腐败法》和《1984 年所得税条例》部分章节及《刑法典》部分章节。上述法律法规主要针对孟加拉国政府官员的腐败行为做出了界定，并赋予反腐败委员会等机构调查、逮捕等职责，以预防和惩治腐败行为。

### （九）孟加拉国对外国公司承包当地工程政策

#### 1. 许可制度

外国公司承揽孟加拉国政府国际工程采购项目无须经过特别许可，必须遵守《2003 年政府采购条例》和《2006 年政府采购法》。工程建设与工程验收以相关招标及合同文件规定指标为准。对于承包商资质，均在招标文件中进行列明，会对投标人的技术资格审查。孟加拉国不限制外国自然人承揽由外国投资及私人投资的工程承包项目，但孟加拉国各级政府采购的工程项目投标人不得为自然人，外国自然人仅能以个人名义参与相关政府采购工程项下的相关咨询工作。

#### 2. 禁止领域

孟加拉国无明确禁止外国公司承包的工程领域。在招标公告中，会列明允许投标公司的国别要求和资质要求。本地招标不允许外国公司参与。

#### 3. 招标方式

孟加拉国政府采购招标主要分本地招标和国际招标，方式包括公开招标、限制性招标、直接采购、两步骤招标（技术标、商务标两步骤）4 种。除非出于国家安全或国防考虑而采用其他方法，孟加拉国政府采购项目均须首选公开招标。

### （十）孟加拉国知识产权保护的规定

#### 1. 当地有关知识产权保护的法律法规

孟加拉国涉及知识产权的法律包括《1911 年专利与设计法》《1933 年专利与设计规则》《2000 年版权法》和《2009 年商标法》等。这些法律尚不能满足当前对知识产权保护的要求，尤其对某些方面（如计算机软件等）缺少明确具体的保护措施。作为世界知识产权组织和《知识产权巴黎公约》成员及 WTO《与贸易有关的知识产权协定》的签字国，孟加拉国正加紧更新其相关法律。

### 2．知识产权侵权的相关处罚规定

孟加拉国知识产权侵权现象较多，知识产权保护执法较弱，这与孟加拉国全社会对知识产权侵权损害认识不足、孟加拉国整体法律环境宽松，以及公共管理能力不强等密切相关。

根据孟加拉国相关知识产权保护法律的规定，侵犯知识产权的行为将被处以 4 年以下拘役及一定金额的罚款。

## （十一）孟加拉国对中国企业投资合作保护政策

### 1．中国与孟加拉国签署双边投资保护协定

1996 年 9 月 12 日，中国与孟加拉国签署了《中华人民共和国政府和孟加拉人民共和国政府关于鼓励和相互保护投资协定》。

### 2．中国与孟加拉国签署避免双重征税协定

1996 年 9 月 12 日，中国与孟加拉国签署了《关于对所得避免双重征税和防止偷漏税的协定》。

### 3．中国与孟加拉国签署的其他协定

中国与孟加拉国还签署了多个政府间经济技术合作协定。

### 4．其他相关保护政策

1983 年，中孟两国政府成立经贸合作联合委员会，牵头部门分别是中国商务部与孟加拉国财政部。截至目前，双方已举行了 14 次会议。

# ▷三、中国企业进入孟加拉国市场的合规步骤

## （一）注册企业

### 1．设立企业的形式

在孟加拉国，外国投资者可设立的企业形式包括：公司代表处或办事处、外商独资企业、合资企业、分公司或子公司、股份有限公司等。

**2. 注册企业的受理机构**

孟加拉国股份公司注册处负责新成立外资公司或办理已在国外成立的外资公司在孟加拉国注册等手续。

**3. 注册企业的主要程序**

注册合资或独资企业的流程如图4-1所示。

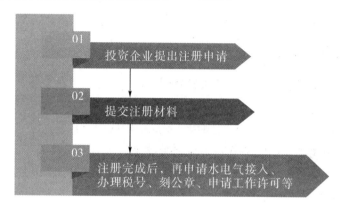

**图4-1　注册合资或独资企业流程**

投资企业向孟加拉国投资发展局或出口加工区管理局提出注册申请，提交材料包括申请表（可到网站下载）、原公司注册证书、备忘录（MOA）和公司章程（AOA）、土地购买或租赁证明、公司负责人姓名、永久住址、职位及国籍、公司所需机械数量及价格、汇款证明等。注册完成后，再申请水电气的接入、办理税号、刻公章及申请工作许可等。

注册股份有限公司的流程如图4-2所示。

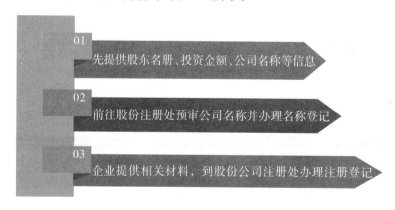

**图4-2　注册股份有限公司流程**

在孟加拉国设立投资企业，必须先提供股东名册（注明每位股东持股比例）、负责人姓名、投资金额、股东会议记录及 3 个公司备选名称，然后前往孟加拉国股份公司注册处预审公司名称并办理名称登记。登记名称后，企业提交申请表、经孟加拉国驻中国使馆认证的公司章程、备忘录、注册证书、公司主管名录、公司注册详细地址等到股份公司注册处办理注册登记。

注册分公司、子公司或代表处、办事处的流程如图 4-3 所示。

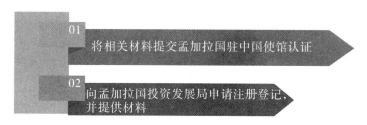

图 4-3　注册分公司、子公司或代表处、办事处的流程

向孟加拉国投资发展局申请注册登记，必须提交由母公司法人代表签名及盖章的申请表、备忘录、公司章程、公司注册证书、公司法人代表姓名及国籍、公司董事会决议、上一年度审计决算、分公司或代表处机构设置及项目计划等。所有材料必须经孟加拉国驻中国使馆认证。

## （二）承揽工程项目

### 1. 获取信息

孟加拉国工程项目主要集中在路桥、电信、电力、疏浚和水厂等基础设施领域。招标的方式分为公开招标和议标。对于公开招标，孟加拉国相关部门会发布招标公告，一般分为本地招标和国际招标。仅国际招标适用于外国企业。

招标公告一般通过三个渠道向外公布：一是通过业主网站，基础设施领域工程的业主多为孟加拉国政府各个主管部门。例如电力工程归口电力和能源部管理，具体项目分布在其下属的各个委员会和电力公司中，登陆孟加拉国政府网站①可查阅孟加拉国各个政府部门网址及相关招标信息。二是通过孟加拉国主流英文报纸刊登招标公告，主要针对大型的国际招标

---

① 　孟加拉国政府网站网址：www.bangladesh.gov.bd。

项目，对企业资质要求较高。三是通过向国际组织和各国驻孟加拉国使馆发出不定向投标邀请。

对于议标，绝大部分都是私人企业就特定工程进行招标，选定少数几家公司进行逐个议标，通过综合评定确定中标方。一般此类议标，会通过报纸、业主网站等方式对外公布，但大多数情况下，业主只会将此类议标信息告知特定投标企业。相比于公开招标，议标缺乏透明度，具有暗箱操作的可能，风险较大。建议企业审慎参与此类私人项目议标。

**2. 招标投标**

孟加拉国招标公告一般简单列明要求，包括项目的内容、投标公司资质要求、投标保函和截止日期等。详细内容一般列在标书之中，需要向业主购买。标书价格不定，从数百元到数万元人民币不等。购买标书的联系人和联系地址一般在招标公告的最末段列明。企业购买标书后，需要密切关注业主网站的更新。孟加拉国项目经常会发生公司资质要求的变化、投标截止日期延期甚至产生废标的现象。业主的通知一般通过网站、报纸公布，单独通知投标方的情况不多，需要投标方予以持续关注。

在招投标程序上，公路、桥梁、铁路和码头等项目一般先进行资格预审，对投标申请人的承包能力、业绩、资格和资质、历史工程情况、财务状况和信誉等进行审查，通过资格预审后，才能参与项目投标。其他领域的项目则以技术和商务"双信封"的形式进行。"双信封"要求投标人将投标报价和工程量清单密封在一个报价信封中，其他商务和技术文件密封在另一个信封中，在开标前将两个信封同时提交招标人。与资格预审不同，"双信封"投标除了包括资格预审所需考察的内容外，还需要企业组织投标报价、施工组织设计等。

**3. 许可手续**

承揽孟加拉国政府工程项目无须特别许可。但在通常情况下，招标单位或部门会选择对有兴趣参与竞标的投标人的资格进行审查（资格预审），要求其按资格预审文件的要求，提供相关证明材料。符合条件者方可参与投标。

**（三）申请专利和注册商标**

**1. 申请专利**

孟加拉国专利、设计及商标局是负责专利、设计及商标注册和管理的主管部门，隶属于工业部。专利可由一人申请或多人联合申请。提交材料包括申请人姓名、国籍、住址、两套说明书、图纸、授权函及在第三国获得的专利证书复印件等。专利有效期 16 年，从第四年开始，每年需要申请延期。

**2. 注册商标**

任何宣称对商标拥有所有权、正在使用该商标或准备在孟加拉国使用该商标的企业或个人，都可以向孟加拉国专利、设计及商标局申请商标注册。申请注册需提交经企业负责人签名盖章的申请书，列明申请人姓名、国籍、地址、企业类型、使用商标所生产的产品或服务名称以及商标使用的范围。商标注册部门一般在 3 个月内予以回复。商标注册有效期为 7 年，从申请日计算。第七年需要进行续展，商标续展注册有效期为 10 年，续展费必须在有效期满之前支付。此后每十年续展一次。

## （四）企业报税

**1. 报税时间**

孟加拉国税收以财年为基准，即计税区间从每年 7 月 1 日到第二年 6 月 30 日。企业一般应在每月 15 日前申报缴纳增值税。在本财年 7 月 15 日前提交上财年企业所得税纳税申报表。

**2. 报税渠道**

企业一般委托会计师事务所或专门从事税收服务的服务机构提供税收申报等税务代理服务。企业也可在线进行报税[①]。

**3. 报税手续**

根据孟加拉国税务局在线报税系统相关说明和步骤，填写相关信息并提交相关证明。

**4. 报税资料**

增值税及企业所得税申报表。

## （五）中国企业出口孟加拉国的海关报关流程及注意事项

**1. 一般贸易进口报关流程**

一般贸易进口报关流程如图 4-4 所示。

---

① 报税网址：www.ltubd.org。

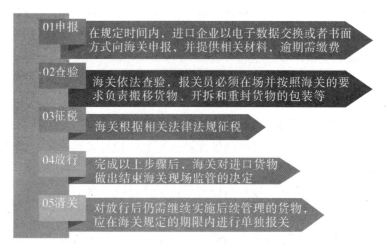

**图4-4　一般贸易进口报关流程**

（1）申报

在海关规定的期限内，进口货物的收货人或者代理人在进口货物时，以电子数据交换或者书面方式向海关申报其进出口货物的情况，并随附有关货运和商业单证，申请海关审查放行，并对所申报内容的真实性和准确性承担法律责任的行为。

进口企业向海关申报时必须提供发票、报关单、进口批文、装箱单、提运单、减免税证明及加工贸易备案手册等单证。其中，进口货物的收货人或其代理人应在进境之日起14日内向海关申报，逾期申报的，由海关按规定征收滞报金。

（2）查验

查验是指海关在接受申报后，依法为确定进出境货物的货物状况、性质、原产地、数量和价值是否与货物申报单上已填报的内容相符，对货物进行实际检查的行政执法行为。海关查验进出口货物时，报关员必须在场并按照海关的要求负责搬移货物、开拆和重封货物的包装等。

（3）征税

进口关税由海关根据国家的有关政策、法规对进出口货物征收相关货物关税及进口环节的税费。

（4）放行

海关接受申报，之后审核报关单据、查验货物、依法征收税款，这些步骤通过，对进口货物做出结束海关现场监管的决定。

（5）清关

需要注意的是，经口岸放行后仍需继续实施后续管理的货物，海关在规定的期限内进行单独报关。

**2. 注意事项**

一是孟加拉国海关自 2013 年启用新的电子海关平台，要求进口提单上必须显示 Bin Number。信用证通常规定：在提单、发票、装箱单和所有装运单据中必须提到申请人的第 12345678911 号箱号①。

二是孟加拉国进口商品清关所需的单据，除了上面提到的发票、箱单、正本提单之外，还需提供产地证。产地证分为一般产地证和普惠制产地证。一般产地证的全称是 Certificate of Origin，也称 C. O. 产地证。C. O. 产地证是用以证明有关出口货物制造地的一种证明文件，是货物在国际贸易行为中的"原籍"证书，在特定情况下进口国据此对进口货物给予不同的关税待遇。提交产地证也是孟加拉国信用证的必备条款：由出口国的商务部颁发的原产地证书（一式 5 份）用以证明这些商品产自中国②。

三是出口孟加拉国的产品，包装上必须注明进口商的公司名称、地址、税号、产品原产地国名，以便验货时核对相关信息。因此，信用证中通常有相应的规定，例如：必须用不褪色的墨水在每一个包裹表面清晰地标明原产国，同时标明申请人的姓名、地址和认证号码 123456789999；在商业发票和打包列表中还应包含受益人的声明。

四是根据孟加拉国海关的相关规定，水果蔬菜类的滞港期为 45 天，其他进口商品为 3 个月，超过此期限不办理清关等相关手续，货物将被拍卖。

五是除非孟加拉国商务部特许，进口贸易均不得采用 CIF 方式，以保护孟加拉国的保险业。因此孟加拉国信用证上贸易术语大部分是 CFR（Cost and Freight，成本加运费，指在装运港船上交货，卖方需支付将货物运至指定目的地港所需的费用。但货物的风险是在装运港船上交货时转移的。按 CFR 条件成交时，由卖方安排运输，由买方办理货运保险。如卖方不及时发出装船通知，则买方无法及时办理货运保险，甚至有可能出现漏保货运险的情况。要求提交装船通知也成为必不可少的条款）。

---

① 英文原文为：Bin number 12345678911 of the applicant must be mentioned in bill of landing, invoice, packing list and in all shipping documents.

② 英文原文为：Certificate of origin issued by chamber of commerce of exporting country in five copies is certifying that the goods are of China origin.

六是孟加拉国对进口货物、进口报关、外汇支付都实行严格的管制，因此，所有的进口合同几乎都要求使用信用证。

七是出口孟加拉国的货物必须经过必维国际检验集团（BV）在发货前的检验，在一份发票、箱单上由 BV 背书，买方才能办理进口手续，否则无法入关。因此，在出货前要预留足够的时间，让 BV 的工作人员做相关的出货前检查，再安排出货。BV 检查的费用由进口商支付。

八是孟加拉国是一个典型的宗教国家，伊斯兰教是他们的国教。因此，孟加拉国信用证一般会对承运船的船旗做出特殊要求。

九是孟加拉国仍有许多普通商品列入禁止/限制进口商品清单之中。例如，禁止进口商品清单中包括蛋、石膏、石油气体、丝机织物、府绸、斜纹布、灯芯绒、渔网及某些棉机织物等一般性商品；限制进口商品清单中包括食盐及化肥等商品。

## （六）赴孟加拉国的工作准证办理

### 1. 主管部门

在出口加工区、经济区内企业工作的外国人，向出口加工区管理局（BEPZA）、经济区管理局（BEZA）申请办理工作许可。出口加工区之外的企业或分公司、代表处向投资发展局（BIDA）申请办理工作许可。

### 2. 工作许可制度

外国人在孟加拉国工作，必须先申请工作许可证。工作许可首次有效期为两年，此后视情况延期。

### 3. 申请要求

申请人必须是孟加拉国承认的国家的 18 周岁以上的公民。雇用外国人的企业必须在孟加拉国合法注册；雇用工种必须是孟加拉国所不具备该类技术人员的工种；外国雇员总数不能超过公司雇员总数 5%；孟加拉国内务部应证明该外国人在孟加拉国无犯罪记录。

### 4. 提供资料

雇用企业在孟加拉国注册证书、公司董事会雇用外国人决议（仅有限责任公司提供）、公司备忘录及章程（仅有限责任公司提供）、申请表4 份、护照照片 4 张（需在背面签名并经公司负责人背书）、护照复印件等。

## ▷四、中国企业进入孟加拉国市场需要重点注意的合规事项

### （一）投资方面

#### 1. 客观评估投资环境，依法办理投资手续

孟加拉国投资环境相对宽松，劳动力资源充足且价格低廉。同时，投资者也要看到孟加拉国基础设施差、水电气资源缺乏、政府部门办事效率低下、易发生劳资纠纷、当地商人资信度低等问题。应依照孟加拉国相关法律规定，办理投资和登记手续。投资限制性行业的应特别注意在开展具体经营活动前取得相关行政许可。

投资过程中，投资者应注重借助本地律师、会计师等专业人士的协助，维护自身合法权益，避免受骗上当。

#### 2. 选择合适的投资地点

目前，孟加拉国设立了 8 个出口加工区，孟加拉国政府给予区内投资者更为优惠的待遇。但是，加工区内的土地只能租赁，且区内企业的产品要实现 90% 出口，所以，希望自己买地建厂或产品本地化销售的企业，均不适合在加工区内投资。首都达卡是全国的政治、经济和文化中心，不仅是全国最大的城市，也是富人最多的地区，因此适合那些以高端客户为服务对象的企业。但达卡远离海港，不太适合那些有大量原材料及成品需要配送的企业。吉大港是孟加拉国第二大城市，这里货物配送相对便利，但人口相对较少，且远离国家政治、经济、文化中心，不利于服务业等第三产业发展。孟加拉国不同地区特点迥异，企业应根据自身需要，合理选择。

#### 3. 科学管理企业

孟加拉国工人罢工较为频繁，但严格及科学的管理可以避免出现类似现象。一是企业在派出员工时，应挑选个人素质较高、有一定管理经验、英语沟通能力较强且了解当地文化特点的员工充当高层管理者，尊重并科学管理企业中层管理人员。二是企业应聘请当地一些素质较高、技术熟练

的员工充当企业中、低层管理者。因为孟加拉国普通员工大多英语沟通能力较差，中方管理人员如果不懂语言也不熟悉当地文化，就很难与之沟通，若沟通不畅，很容易引起矛盾而导致罢工。三是企业应制定员工激励机制，培养企业文化，让员工以主人翁的精神参与企业建设与发展。

**4. 重视环保问题，积极履行企业社会责任**

企业应高度重视投资项目的环评流程和环保合规审查工作，依法获取环保部门颁发的正式批准文件，切勿在未经许可的情况下擅自开工。

## （二）贸易方面

**1. 熟悉进口规定**

孟加拉国进口业务一般情况下必须以不可撤销信用证支付。除非孟加拉国商务部特许，否则进口贸易均不得采用 CIF 方式，以保护孟加拉国保险业及运输业。除非另有规定，进口商品必须由孟加拉国政府签约的国际商检机构进行装船前检验。

**2. 注意开证行违规操作**

孟加拉国部分银行经常不遵守国际贸易惯例违规操作。因此，相关投资者应严格做好信用证的审证工作，要求对方开具即期信用证，审单审证时注意是否存在不符点。如出现开证行违规拖欠付款的情况，应据理力争，要求对方严格按照国际贸易有关信用证的统一规则按期付款。与孟加拉国企业进行贸易之前，应购买相关贸易保险。对于投诉较多的银行，中国驻孟加拉国大使馆经商处已在其网站上予以公布，请企业留意查看。

**3. 注意做好风险防控**

一是加强自身法律意识，严格依据合同规范双方贸易行为，切忌放松合同审核甚至以形式发票代替合同开展贸易；拒绝对方提出的任何违法要求，不给不法商人可乘之机。二是慎重选择合作伙伴，要选择信誉好、规模大的合作对象，必要时，聘请专业资信调查机构，对合作对象资信状况进行调查。三是建议为金额较大的出口合同购买出口信用险。

**4. 做好纠纷处理工作**

对于已发生的贸易纠纷，应当严格依据法律和合同约定处理。如发现对方涉嫌违法犯罪，应及时报案或起诉，积极主动通过法律手段维护自身利益。必要时，聘请当地律师等专业人士协助。如希望与对方协商解决，则应达成书面一致，切不可轻信对方的口头承诺，以免给自身造成损失。

## (三) 承包工程方面

### 1. 谨慎进入孟加拉国市场

受孟加拉国政治斗争、社会矛盾、基础设施、自然条件等因素的影响，建议拟进入孟加拉市场承揽工程的企业充分做好市场调研，提前向中国驻孟加拉国使馆经商处进行咨询，听取相关建议或意见，并在抵达孟加拉国后第一时间向经商处报备。

### 2. 充分评估风险

孟加拉国在国际工程采购方面有着丰富的经验。孟加拉国政府自筹资金项目招投标文件对企业资质要求较高，合同条款较为苛刻，并且孟加拉国业主工作效率较低，普遍存在收款不及时，工期拖延现象。企业必须仔细判读、甄别风险，切忌盲目冒进，严禁低价竞标、恶性竞争。

### 3. 及时报告经营情况

企业应当根据《承包工程管理条例》等法律法规的相关规定，及时向中国驻孟加拉国使馆经商处及国内主管部门通报项目中标、经营和进展情况，遇有紧急情况，第一时间报告。

### 4. 高度重视风险防范工作

企业应根据项目实际情况，制订有效的安全生产工作规范和应急预案。平时加强对施工人员的培训管理，每月按时向中国驻孟加拉国使馆经商处报告项目进展并提交安全风向防控报告。遇有突发情况，第一时间向经商处报告，根据风险等级启动应急预案，服从经商处的统一指导，保证企业及员工的人身和财产安全。

## (四) 劳务合作方面

孟加拉国当地劳动力供应充足，工资成本较低，但大部分人员的操作能力和学习能力较差，技能水平较低，无法适应高水平的工作要求。所以，孟加拉国对经验丰富的管理人员、技术熟练的工程师等高级人才有需求。总体上，孟加拉国不鼓励劳务引进。中国企业如果在当地承包工程，可从国内带出管理人员和技术人员，普通工人可考虑从当地招聘，给当地创造就业机会，以相互理解和互利共赢。企业应对员工加强管理，尤其是在建筑、煤炭、化工等高危行业，加强安全生产，避免出现安全事故。

### （五）风险防范

在孟加拉国开展投资、进行贸易、承包工程和进行劳务合作的过程中，要特别注意事前调查、分析、评估相关风险，事中做好风险规避和管理工作，切实保障自身利益。包括对项目或贸易客户及相关方的资信调查和评估，对投资或承包工程国家的政治风险和商业风险的分析和规避，对项目本身实施的可行性进行分析等。相关企业应积极利用保险、担保、银行等保险金融机构和其他专业风险管理机构的相关业务，保障自身利益。包括有关贸易、投资、承包工程和劳务类信用保险、财产保险、人身安全保险等，银行的保理业务和福费廷业务，各类担保业务（政府担保、商业担保、保函）等。

建议企业在开展对外投资合作过程中使用中国政策性保险机构——中国出口信用保险公司提供的包括政治风险、商业风险在内的信用风险保障产品，也可使用中国进出口银行等政策性银行提供的商业担保服务。

根据孟加拉国的投资合作环境和中资企业以往的经验，中资企业应注意以下事项：

首先，应注意规避政治风险，在项目前期调研中多加注意，防止被卷入政治斗争。

其次，应注意社会安全风险。在罢工、游行期间，需要注意生产安全和人身安全的风险防范。

最后，孟加拉国银行较多，企业可考虑选择规模较大、信誉较好的银行或国际知名的银行进行账务处理。孟加拉国货币塔卡汇率存在波动现象，需要及时跟踪实时汇率，采取措施，规避汇率风险。

### （七）建立和谐关系

#### 1. 处理好与政府和议会的关系

建议中国企业应密切关注当地政治形势，以便及时了解和掌握孟加拉国政府的最新经济政策走向。同时，中国企业应加强与孟加拉国政府部门及议会各专业委员会的接触，以便掌握该国未来经济及产业政策走向，及时向孟加拉国相关部门通报企业的发展动态、对当地经济所做的贡献以及运营过程中遇到的问题，争取得到理解和支持。

#### 2. 妥善处理与工会的关系

孟加拉国《宪法》保障工人有集会的自由，同时，也允许工人经政府批准自己组成工会，但出口加工区内不允许。在孟加拉国的中国企业要认真了解企业所在地工会组织发展情况，并跟踪有关法律的修订情况。在日常经营中，与工会组织保持必要的沟通，了解员工的思想动态，进行必要的心理疏导，发现问题及时解决。建立和谐的企业文化，邀请工会成员参加管理，增强员工的主人翁意识。

**3. 密切与当地居民的关系**

穆斯林人口占孟加拉国人口的九成左右，有伊斯兰特殊的文化习俗与文化禁忌。中国企业应对其宗教禁忌、文化、人格、生活习惯等给予充分尊重。学习当地语言文化，从而与当地居民建立融洽和睦的关系。

同时，应尽可能招聘当地员工参与企业生产管理，让当地居民了解和接受企业。此外，中国企业还应关注并积极参与社区的公共事业活动。

**4. 尊重当地风俗习惯**

孟加拉国大部分人信奉伊斯兰教。他们视未放血的动物为禁品，禁食猪肉、狗肉、猫肉、动物血和内脏，且不喜欢吃海鲜、螃蟹及无鳞鱼，在公共场合一般不喝酒，但不反对别人喝酒。中方人员在与当地居民打交道时，要注意有关禁忌，不要拿宗教开玩笑，不要随意谈论有关"猪"等宗教禁忌话题，不要强行劝酒，要尊重他们的风俗习惯。同时，对女士要保持距离，以免引起误解和纷争。

**5. 懂得与媒体打交道**

媒体既是社会公信力的代表，也是公众获取信息的最主要渠道。中国企业应学会跟媒体打交道，并合理利用他们为企业发展服务。

一是保持企业透明的新闻传递方式。企业要保持和当地主流媒体的往来，建立良好的信息沟通渠道，积极主动宣传中国企业对孟加拉国建设所做的贡献。

二是建议企业建立内部发言人制度。当企业遭遇危机时，发言人应在第一时间对外交流，真实、客观发布信息，避免媒体猜测、肆意抹黑而造成不实报道。

三是加强与媒体的沟通联系。让媒体主动关注企业的成长和发展，通过新闻的形式，宣传企业正面形象，借力媒体协助企业发展和腾飞。

**6. 学会和执法人员打交道**

中资企业人员都应知法守法，遇到正常的身份查验或者执照、清关单据或缴税证明等文件检查时，应积极配合，礼貌应对。遇到执法人员的不公正待遇时，应避免与之发生冲突，更不能触犯法律，对抗执法，而应理性应对。必要时，通过律师进行处理，或报告使馆，由使馆协调解决。

## 7. 其他

孟加拉国重点行业均有全国性商协会组织，相关组织与政府部门联系紧密，在行业发展过程中具有较强的话语权和影响力，其会员在申请行政许可和财政补贴方面都具有优势。在孟加拉国开展投资经营活动，应注重与本行业有影响力的行业商协会加强联系，了解商协会章程及会员权益，视情况申请加入，以提高自身竞争力。

第五篇

斯里兰卡

## ▷一、中国与斯里兰卡经贸合作概况

中斯两国自建交以来经贸关系在平等互利的基础上发展顺利，贸易额逐年增长。中国是斯里兰卡第二大贸易伙伴。据中国海关统计，2019年，中斯双边贸易总额为44.88亿美元，同比下降2%，其中中国对斯里兰卡出口40.91亿美元，同比下降3.9%，中国自斯里兰卡进口3.97亿美元，同比增长23.4%。2015—2019年中斯双边贸易情况如表5-1所示。

表5-1　2015—2019年中斯双边贸易情况

| 年份 | 贸易总额<br>/亿美元 | 增长率<br>/% | 中国出口<br>/亿美元 | 增长率<br>/% | 中国进口<br>/亿美元 | 增长率<br>/% |
|---|---|---|---|---|---|---|
| 2015 | 45.64 | 12.9 | 43.05 | 13.5 | 2.59 | 4.2 |
| 2016 | 45.60 | -0.1 | 42.90 | -0.4 | 2.70 | 5.7 |
| 2017 | 44.00 | -3.6 | 40.90 | -4.7 | 3.10 | 13.4 |
| 2018 | 45.79 | 4.1 | 42.57 | 4.1 | 3.22 | 3.8 |
| 2019 | 44.88 | -2.0 | 40.91 | -3.9 | 3.97 | 23.4 |

资料来源：中国海关。

2019年，中国对斯里兰卡直接投资流量0.9亿美元，直接投资存量5.5亿美元。中国在斯里兰卡投资项目主要包括招商局集团投资的汉班托塔港、科伦坡港南集装箱码头，中国交通建设集团有限公司投资的科伦坡港口城，中航国际（香港）集团公司投资的科伦坡三区公寓等项目。2019年，中国企业在斯里兰卡新签承包工程合同78份，新签合同额27.86亿美元，完成营业额22.25亿美元。2014年9月16日，中国人民银行与斯里兰卡中央银行签署了规模为100亿元人民币（2 250亿斯里兰卡卢比）的双边本币互换协议。

从投资环境吸引力角度来看，斯里兰卡竞争优势有以下几方面：政治相对稳定；政府积极吸引外资；对外开放度高；地理位置优越，辐射南亚、中东、非洲东部等地区。世界经济论坛《2019 年全球竞争力报告》显示，斯里兰卡在全球最具竞争力的 141 个国家和地区中，排第 84 位。根据 2020 年世界银行营商环境便利度排名，在全球 190 个经济体中，斯里兰卡位居第 99 位。

2019 年，斯里兰卡 GDP 总额为 150 160 亿斯里兰卡卢比，同比增长 2.3%，合 840 亿美元。人均 GDP 为 3 852 美元，位居世界第 96 位。

# ▷二、斯里兰卡对外国投资合作的相关政策及法律法规简介

## （一）斯里兰卡对外贸易政策

### 1. 贸易主管部门

斯里兰卡有多个贸易促进和管理部门，从不同层面和领域促进、推动和管理对外贸易的发展。

出口发展局（Export Development Board，EDB）是斯里兰卡专门负责促进和推动外贸出口的政府机构，一般隶属负责国际贸易的部委。

外资局（Department of External Resources，DER）是斯里兰卡负责外国融资和援助协调及执行的政府机构，一般隶属财政部。

投资委员会（Board of Investment，BI）是为外国投资项目提供服务，促进外国投资生产和加工出口产品。

商业司（Department of Commerce，DC）协助内外贸易部制定政策和监督政策的执行。

进出口管理局（Department of Import and Export Control，DIEC）根据进出口管理规定，对货物和服务的进出口进行管理，同时协调许可制项下商品的进出口。

海关（SriLanka Customs，SC）负责征收进出口关税，便利商品进出境，监测和侦办偷逃关税以及毒品走私，杜绝限制商品的进出口，统计进

出口贸易等。

标准局（SriLanka Standards Institution，SSI）主要负责进出口商品质量标准的认定和制订。

出口信用保险公司（SriLanka Export Credit Insurance Corporation，SECIC）为出口商品和服务提供风险担保。

茶叶局（SriLanka Tea Board，STB）主要负责茶叶的生产、销售以及出口的管理，以促进茶叶进入国际市场。

工业发展局（Industrial Development Board，IDB）负责促进和推动出口工业产品的生产和出口。

农产品出口局（Department of Export Agriculture，DEA）负责推动出口农产品的生产和种植，为政府主管部门制定农产品出口政策提供建议。

**2. 贸易法规体系**

斯里兰卡是关贸总协定的 23 个创始成员国之一，世贸组织成立后，又是世贸组织的创始成员之一。斯里兰卡贸易管理和法律体系大致与世贸组织的货物贸易、服务贸易和知识产权一致。在货物贸易方面，斯里兰卡也计划实施补救措施，其中包括反倾销和保护措施，以保护本国的贸易，但其尚在计划中，具体法案尚未通过议会审议和实行。

目前斯里兰卡主要进出口法律有：

①1969 年颁布并经多次修订的《进出口管制法》。主要内容包括：海关进出口管制官员的职责；进出口监管货物的申请、费用、变更、延期和许可证的取消等有关规定和管理办法；监管人员询问和检查各种进出口文件的权利及对违规者的惩罚权利；需要进口许可证的产品类别；不需要进口许可证的商品。

②《进出口商保护法》。主要内容包括：将违反合同的外商列入黑名单，不发放与其做生意的许可证，直至该外商用行动证明对所违规行为予以纠正，方可恢复其对斯里兰卡贸易。

**3. 贸易管理的相关规定**

主要贸易管理规定：

① 1969 年进出口管理一号法令。明确规定进出口商品的标准和条件以及以此为基础对进出口贸易进行管理。

② 1979 年斯里兰卡出口发展第 40 号法案。促进和推动斯里兰卡出口发展。

③海关条例（1946 年第 43 号法案，1974 年第 35 号修订案）。规定实施进口税，征收关税。

**4．进出口商品检验检疫**

主要依据 1952 年第 12 号法案，预防和防止传染性疾病在斯里兰卡境内和境外的传播。主要内容包括：

①产品的质量证书由斯里兰卡标准局负责和出具。

②农产品检验检疫证书由农业局负责和出具。其中，蔬菜、水果、花草以及树木，由植物检疫办公室出具证书。

③动物检疫证书由动物生产和检疫局负责和出具。

## （二）对外国投资的市场准入政策

**1．投资主管部门**

斯里兰卡投资局（Board of Investment，BOI）是斯里兰卡政府主管外国投资的部门，其主要职责是负责核查、审批外国投资，并积极促进和推动外国企业或者政府在斯里兰卡投资。

BOI 制定了具体而详尽的税收优惠政策，不同行业、不同产品、不同地区的优惠政策不同，以促进并引导行业和地区的健康发展。投资者可通过 BOI 网站①查阅《斯里兰卡投资指南》以及相关投资法律和服务信息。

**2．投资行业的规定**

《斯里兰卡投资局法案》（BOI Act）是监管外国投资的主要法律依据，经过 1980 年、1983 年和 1992 年的修改而成。2016 年，BOI 给予外国投资者的优惠政策仍沿用 Section16 和 Section17 法案。依据 Section16，BOI 对外国投资者给予准入许可。该法案对外国投资者的要求为投资金额 25 万美元，投资者可独资或与当地企业合资开展业务。从事贸易的外国投资者，则需要汇入至少 100 万美元的资金。依据 Section17，BOI 可与外国投资企业签署相关协议并给予财务方面的减免优惠。

2015 年 12 月，斯里兰卡政府对吸引外商投资的政策进行了调整，对外商投资给予的税收优惠由 BOI 根据投资类型、规模和行业确定，但最终必须获得斯里兰卡财政部的批复。2017 年沿袭了该审批流程。

2019 年 3 月 5 日，斯里兰卡财政部对外发布了议会审议批准的 2019

① 斯里兰卡投资局网址：www.investSri-Lanka.com。

年年度预算，其中包含了部分投资激励政策，如：对投资超过 1 亿美元的固定资产投资并持有运营项目，可享受其投资额 150% 的额外税前抵税额度，用于抵扣应税所得，有效期限为 10 年；对 5 000 万到 1 亿美元的项目可享受其投资额 100% 的额外税前抵税额度；另外，对 5 000 万美元以上的项目，免除建设期的前期税费，例如港口机场税、进口税费等。总体来看，由于斯里兰卡迫切需要引进优质外资项目，对于投资金额较大的项目，多通过一事一议方式给予特殊优惠政策。待新议会和政府组成后，斯里兰卡新政府投资激励政策将进一步明确。

斯里兰卡针对不同的投资领域有不同的投资限制。除个别领域不允许外资进入外，大多数领域对外资开放。对外资的限制分为禁止进入、有条件进入以及许可进入。

禁止进入领域包括：典当业，投资低于 500 万美元的零售业、近海渔业等。

经 BOI 批准，外资可投资占比不超过 40% 的领域（特殊情况下，BOI 可特批）包括：生产受外国配额限制的出口产品，茶叶、橡胶、椰子、可可、水稻、糖及香料的种植和初级加工，不可再生资源的开采和加工，使用当地木材的木材加工业，深海渔业，大众传媒，教育，货运，旅行社以及船务代理等。

视外国投资金额，BOI 或斯里兰卡政府部门有权视情况批准的领域包括：航空运输，沿海船运，军工、生化制品及造币等敏感行业，大规模机械开采宝石和博彩业。

吸引外资的重点领域包括：制造业（尤其是高附加值、高科技产业）、高附加值服装制造业（智能纺织品、纳米产品）、信息技术产业、旅游和娱乐业、食品加工业、物流业、教育业（尤其是职业教育及高等教育）、涉及发展项目及工业区发展的大型基础设施建设。此外，斯里兰卡对人寿保险、信息技术、可再生能源、研发中心建设等也制定了特殊优惠政策，鼓励有关行业和公司来斯投资。

### 3. 投资方式的规定

斯里兰卡政府对外国投资方式没有任何限制，目前鼓励外国企业或自然人在斯里兰卡设立代表处、分公司、子公司、有限责任公司等，鼓励以 BOT、PPP 等方式参与当地的基础设施建设。外国投资方可参与除部分限制领域外的任何产业投资。

斯里兰卡没有颁布专门的反垄断法案。斯里兰卡投资管理委员会或相关机构会审查外商投资是否涉及垄断市场行为。

斯里兰卡于 2003 年最新修订了《兼并收购法》，指导私人公司的兼并收购行为。

斯里兰卡已建立了出口加工区、出口加工园区、工业园区，投资园区、重工业园区共计 18 个，其中 16 个由斯里兰卡投资促进委员会主导运营，2 个为投资促进委员会批复的私人园区。投资入园享有不同性质的优惠政策，可与斯外资局详细咨询具体政策。

斯里兰卡鼓励外国投资，因此积极营造有利于投资的政策环境，鼓励发展出口加工业，但尚未出台专门的经济性特区法案。企业行为性质的园区开发必须遵循投资促进委员会法案的相关规定。相对于园区开发设计的宽度和深度，投资促进委员会法案给予的优惠政策支持已不能满足开发商的需求，园区对外提供的一站式服务难以保障。

### （三）税收政策

#### 1. 税收体系和制度

斯里兰卡税收体系和制度比较健全，税收监管比较严格，实行属地税制，同时税收政策也经常发生变化。

斯里兰卡没有营业税，但有企业所得税、预提税、个人所得税、增值税、经济服务税、关税、印花税等。其中，斯里兰卡关税为 0～300%。对于进口汽车，进口关税为 30%，还必须额外缴纳 160% 或者更高的消费税以及 15% 的增值税。

#### 2. 主要税赋和税率

（1）企业所得税

在斯里兰卡注册成立或实际管理机构位于斯里兰卡的企业为居民企业，居民企业需为其全球所得在斯里兰卡纳税，非居民企业仅为其来源于斯里兰卡的所得纳税。斯里兰卡与中国在 2003 年 8 月签订了避免双重征税协议，因此，在斯里兰卡的中资企业可以享受与当地公司同等的税率。自 2020 年 2 月 12 日起，一般公司所得税税率为 24%，中小企业、商品出口企业、教育服务行业、旅游推广行业、建筑服务行业、农业、健康服务行业所得税税率为 14%，生产制造业企业所得税税率为 18%，博彩业、生产销售进口酒类或烟草企业所得税税率为 28%。

企业所得税当中有预扣企业所得税，该税种是业主在给承包商付款的时候以付款额为基数代扣代缴，企业被预扣的企业所得税在会计年度年终时在应缴企业所得税中进行抵扣，如企业出现亏损则不需要缴纳企业所得税，如企业被预扣的企业所得税大于企业应缴纳的企业所得税，则该部分被预扣的企业所得税可以递延到下一年度进行抵扣。2007年4月以前，预扣企业所得税的税率为营业额的5%。2007年4月以后，建筑施工企业的预扣企业所得税的税率统一改为营业额的1%。但如果企业上一年度出现亏损，则可以在当年申请免税证明，对预扣企业所得税进行免税。中资企业可以向税务局申请预扣企业所得税免税证明。

（2）预提税

向居民纳税人支付服务费用、利息、分红、租金、版税、奖金等不再需要预提其所得；向非居民企业付款按不同性质预提2%~14%的所得。

（3）个人所得税

2008年3月31日以前，在斯里兰卡工作的外国人的个人所得税率为15%。2008年4月1日起，所有在斯里兰卡工作的外国人的个人所得税计算方法与斯里兰卡人相似。在一个纳税年度内，在斯里兰卡停留超过183天以上的个人为居民纳税人。居民纳税人必须就其全球所得纳税，非居民纳税人仅须就其来源于斯里兰卡境内的所得纳税。每年政府会对纳税人的税收减免额及税率进行调整。自2018年4月起，个人所得税起征点为10万斯里兰卡卢比/月，并实行最低税率为4%、最高税率为24%的超额累进税率。

2020年一季度，斯里兰卡税务局实行最新的个税计算公式，一季度工作所得累计收入不超过75万斯里兰卡卢比的免征所得税，超出部分按累进制征收6%~18%的个人所得税。其他类型的个人所得税率不同，且计算方式也不同。

（4）增值税

自2020年1月1日起，季度营业额超过7500万或年营业额超过3亿斯里兰卡卢比的企业需登记注册增值税。其中，本地成分在60%以上的旅游发展部门增值税为0%，金融服务业增值税为15%，其他部门为8%。

（5）经济服务税

斯里兰卡政府自2006年4月开始征收经济服务税。自2017年4月1日起，每季度营业收入超过1250万斯里兰卡卢比的个人或企业需在税务局进行登记并缴纳经济服务税。经济服务税可抵减企业当年和之后两年的应缴企业所得税。自 2016 年 1 月 1 日起，经济服务税的税率调整为营业收入的 0.5%。自 2020 年 1 月 1 日起，该税种取消。

（6）建筑行业担保基金税

斯里兰卡政府从 2005 年开始征收建筑行业担保基金税，税率为建筑合同额的 0.25%～1%。该税不能从企业应缴纳的企业税中抵扣。2017 年起，对建筑行业该项税费实行免征。

（7）国家建设税

2016 年，进口商、生产商、服务提供商、批发和零售商必须基于其营业额缴纳 2% 的国家建设税。该税种适用对象为每季度营业额超过 300 万斯里兰卡卢比的一般企业或者每季度营业额超过 2 500 万斯里兰卡卢比的当地采购农产品加工销售的企业。2019 年 12 月 1 日起，该税种取消。

（8）印花税

斯里兰卡政府对不动产转让及特定凭证征收印花税，税率以省政府的规定为准。公司股份的发行与转让也必须缴纳印花税①。

**（四）环境保护法规概述**

**1. 环保管理部门**

斯里兰卡与环境保护相关的部门主要有马哈威利发展与环境部、海岸保护与海岸资源管理局、中央环境局。斯里兰卡新政府成立后，预计有关部门的具体名称会发生变化，但职权基本不变。

**2. 主要环保法规**

《动物疾病法》《动物法》《农药控制法（修正案）》《2008 环境保护法》《动植物保护法》《渔业和水生动物资源保护法（修正案）》《防洪保护法》《森林保护法》《水资源委员会法案》《锡兰野生动物保护协会法案》等。

**3. 环保法规基本要点**

斯里兰卡环保法规要求在商业活动中注意对陆生和水生的动植物、水资源、土壤等各种自然资源的保护，并制定了海啸、洪水等自然灾害的应对措施。

---

① 具体征收税率，可登录网址 www.ird.gov.lk/en/Type%20of%20Taxes/SitePages/StampDuty.aspx？menuid=1213 进行查询。

#### 4. 环保评估的相关规定

中央环境局是法定监管机构，其环境影响评估（环评报告）首次出现在 1981 年的《海岸保护法（修正案）》中。根据 1988 年的《国家环境法（修正案）》，环境影响评估制度是实现国家可持续发展的重要手段之一。

对环境产生重大影响的项目或处于环境敏感地区的项目都需要进行环境评估。斯里兰卡《国家环境法》规定，所有项目必须由项目审批机构批准。目前，已有 23 个政府机构被指定为政策审批机构（PAA）。当涉及多个 PAA 时，适当的 PAA 由中央环保局（CEA）决定。要注意，作为项目发起者（业主）的国家机构不能作为该项目的 PAA。

项目审批机构列于 1995 年 2 月 23 日第 859/14 号、2004 年 12 月 29 日第 1373/6 号的政府公告中。

国家环境法案在环评程序中确定了两个层面。如果项目潜在的环境影响不是非常显著，那么项目提议者可能会被要求进行初始环境检查（IEE），这种检查相对简短。但是，如果潜在影响显著，项目提议者可能会被要求进行环境影响评估（EIA），这种评估更加详细和全面。

环评报告必须在 30 个工作日内公开征求意见[①]。斯里兰卡投资局的环境部门会在环保规范等方面给予投资者建议与指导，并参与环保审批[②]。

### （五）反对商业贿赂法规概述

斯里兰卡于 1954 年开始实施《反贿赂法》，以打击涉及公共服务领域的腐败行为。根据 1958 年第 40 号法案，司法部成立了反贿赂专员局。根据 1994 年第 19 号法案，成立了贿赂或腐败调查指控委员会，并于 1994 年 12 月 15 日起开展调查。斯里兰卡警察部门下设的犯罪调查局（CID）可开展针对贿赂或腐败的调查；此外，2015 年 2 月 26 日警察部门还设立了财务犯罪调查局（FCID），主要负责对严重财务诈骗、国家资产或资金的错误使用及其他财务犯罪进行调查。

《反贿赂法》主要规定了对贿赂议会成员、警察、治安官等公职人员，通过贿赂获取政府项目，采用威胁或欺诈行为影响选举等犯罪行为的惩处措施等。行贿人员依据该法律将被处以 7 年以下徒刑或 5 000 斯里兰卡卢

---

① 关于环境影响评估的流程、内容、时间等详细内容可登录中央环境局的网址 www.cea.lk/web/en/services？id=92 进行查询。

② 相关信息可登录网址 www.investSri-Lanka.com/services/environmental_clearances 进行查询。

比以下罚款。公职人员受贿情节严重的，将处以 10 年以下徒刑或 10 000 斯里兰卡卢比以下罚款。

## （六）外国公司承包当地工程政策

### 1. 许可制度

外国公司在斯里兰卡承包工程项目的，主要可分为以下 4 类：

一是由业主自筹资金且当地公司具有承包实力的项目。这类项目主要由当地公司承建，政府不反对外资公司参与，但这类项目技术难度较低，外国公司在竞争中缺乏优势。

二是国际资金项目。这类项目需要公开招标，外国公司和当地公司均可参与竞标。斯里兰卡政府鼓励外国公司和当地公司组成联营体，参加竞标和承揽项目。无论是外国公司还是当地公司，均需严格按照招标程序投标和竞标。

三是政府提供资金的工程项目。外国工程公司必须与当地公司组成联合体方可进行投标。

四是私营项目。若项目资金来源于私人或民间，项目投标和竞标则取决于私营业主的程序和规定。

### 2. 禁止领域

斯里兰卡承包工程市场相对开放。由国际组织等提供资金的工程项目，外国公司可根据招标程序进行投标；由斯里兰卡政府提供资金的工程项目，只允许当地公司或外国公司与当地公司组成的联合体参与投标。

### 3. 招标方式

大多是国际公开招标，承包商融资项目一般以议标为主。

## （七）当地有关知识产权保护的法律法规概述

### 1. 知识产权法

《知识产权保护第 36 号法律》是斯里兰卡的知识产权法。该法保护内容主要包括以下方面：版权（保护版权）、发明（专利，登记后 20 年有效）、商标保护（10 年有效，期满可继续申请）、服务性商标（10 年有效，期满可继续申请）、保证商标和联合商标（由国家知识产权保护办公室进行管理）、工业设计（登记后 5 年有效，期满可继续申请）、不公平竞争（保护正常公平竞争）、保密信息（对相关信息进行保密）、地理指示（按照法律规定执行）、集成芯片的布局设计（按照法律规定执行）。

### 2. 知识产权侵权的相关处罚规定

对于违反知识产权保护法律的部门和个人，利益受侵害的一方可向国家知识产权保护办公室进行申诉，由国家知识产权保护办公室进行裁决。若双方对处理结果不服，可向当地法院起诉，由法院裁决。调查显示，许多外国公司投诉斯里兰卡盗版现象严重，损害了他们的利益，但政府的打击力度和处理方式并不能让他们满意。

## （八）在斯里兰卡解决商务纠纷的主要途径及适用法律

中资企业在斯里兰卡投资合作发生纠纷时，一方面可以向中国驻斯里兰卡大使馆经商处说明相关情况，寻求帮助，另一方面可以利用现行法律寻求解决途径。

斯里兰卡负责处理经济纠纷的部门是犯罪调查局，隶属于斯里兰卡警察局。发生纠纷后，企业可向犯罪调查局报案，提交相关案件材料。犯罪调查局审核后，案件会进入司法程序，转由法庭审理。建议企业聘请当地专业律师，详细了解当地司法程序，向法庭提交充分及必要的材料。斯里兰卡沿袭英国法律体系，其司法程序和法律框架与英国相似，整体法律体系健全且运行有效。斯里兰卡有关商业的法律法规主要包括：《公司法》《税法》《外汇管制法》《业务名称登记条例》《增值税法》《合作人管理条例》《合同法》等。

如果涉案企业是斯里兰卡投资管理委员会下设立的企业，也可以将案件相关情况向其反映。

斯里兰卡《宪法》和相关法律规定私人和外国投资不容侵犯，内容包括：保护外国投资不被国有化；必要时对外国投资国有化，但将给予及时足额的赔偿；确保投资和利润的自由汇出；可通过国际投资纠纷解决公约（ICSID）处理争端。

适用于外国投资的基础法规还包括投资局 1978 年第 4 号法规，以及 1980 年、1983 年、1992 年、2002 年和 2009 年的修订条款及有关法律条文[①]。

---

① 具体内容可登录网站 www.investSri-Lanka.com 进行查询。

## ▷三、中国企业进入斯里兰卡市场的合规步骤

### （一）注册企业

**1．设立企业的形式**

斯里兰卡法律对外国投资企业注册的形式没有特殊规定，可以注册任何形式的公司。

**2．企业注册的受理机构**

在斯里兰卡注册企业应向斯里兰卡公司注册登记处进行申请①。

**3．注册企业的主要程序**

外国公司在斯里兰卡注册企业的程序如图 5-1 所示。

| | |
|---|---|
| 1 | •斯里兰卡公司注册登记处领取表格 |
| 2 | •在注册登记处查询注册公司是否可用 |
| 3 | •资料准备：母公司的备忘录和协议、申请信函、母公司董事成员资料、公司银行账户证明、母公司近两年年度报告、授权书 |

图 5-1　注册企业的程序

### （二）承揽工程项目步骤

**1．获取信息**

在斯里兰卡获取工程项目信息主要有两种方式：一是斯里兰卡业主单位通过当地媒体或其官方网站发布招标通告；二是当地雇主向公司发出邀请。

---

① 查询网址：www.drc.gov.lk。

### 2. 招标投标

企业在获取招标信息后，通常按照以下程序具体操作（见图5-2）：

| | |
|---|---|
| 1 | • 在指定时间地点购买招标文件 |
| 2 | • 提前查看场地、标前澄清或答疑 |
| 3 | • 准备投标文件(技术、商务等) |
| 4 | • 在投标截止日期前提交投标文件 |
| 5 | • 技术评标委员会评标，出具评比意见 |
| 6 | • 评比意见交内阁投标委员会批准和审核 |
| 7 | • 授标 |

图5-2　投标流程

## （三）申请专利和注册商标步骤

### 1. 申请专利

外国公司或个人若要申请专利，应按照斯里兰卡《知识产权保护第36号法律》向知识产权保护办公室申请，也可委托知识产权保护办公室许可的相关代理机构进行申请。有资格代理专利或商标申请的机构可向斯里兰卡知识产权保护办公室进行查询①。

### 2. 注册商标

商标注册事宜也由知识产权保护办公室负责，具体程序和做法与申请专利相同。

## （四）企业在斯里兰卡报税步骤

### 1. 报税时间

（1）个人所得税

每月申报职业所得，报税时间为次月的15日前。其他个人所得应在纳税年度结束后次年的4月30日前完成汇算清缴。

---

① 知识产权保护办公室地址：3rd Floor, Samagam Medura, No.400, D. R. Wijewardena Mawatha, Colombo10；联系电话：0094-112-689-368（转分机：200）、0094-112-689-367, 0094-112-683-163；电子邮件：nipos@ sltnet. lk；官方网址：www.nipo.gov.lk。

（2）增值税

分为按每月申报和按季度申报。制造业和金融行业以外的企业需要按月申报，报税时间为次月的 15 日前。制造业和金融业为按季度申报，报税时间为季度次月的 20 日前。

（3）企业所得税

分 4 期申报缴纳，报税时间分别为当年的 8 月和 11 月的 15 日前，以及次年的 2 月和 5 月 15 日前。缴税基数先以上一纳税年度的税款为依据预缴，9 月 30 日会计年度期终决算完成后再汇缴清算应缴所得税额[①]。

**2．报税渠道**

企业在当地报税可以由企业自行申报，需通过斯里兰卡税务局报税系统进行上报，缴纳企业所得税所依据的会计报表必须经当地有资格的会计师事务所审计通过；也可由会计师事务所代为申报，但需要由董事总经理或财务总监签署纳税申报单。

企业报税需要严格按照税务局规定的时间和手续要求，并提交有关文件资料。可以在网上申报，也可由人工提交材料到税务部门。

**3．报税资料**

企业报税需要提交的文件包括纳税申报表、经会计师事务所审计的企业会计报表、付款支票等。

## （五）斯里兰卡海关报关流程及注意事项

斯里兰卡海关成立于 1806 年，是隶属于国家财政部的独立行政管理部门，是国家进出口关境的监督管理机构。随着《海关条例》的出台，斯里兰卡海关发展成为一个以税收征收和执法为主要职责的国家机构。斯里兰卡海关致力于执行国家《税收和社会保障法》，同时促进贸易，目的是为国家做出贡献。

海关依照《海关法》及有关法律法规，对进出境的运输工具、货物、行李物品、邮件和其他物品实行监督，实施海关监管制度。主要职责是严格执行国家关税和社会保障方面的法律条例，确保人员和商品顺畅和有序地出入国境。斯里兰卡海关官员大约为 2 000 人，主要集中在科伦坡机场和科伦坡港口。

---

① 详见斯里兰卡税务申报日程表：www.ird.gov.lk/en/sitepages/default.aspx#。

（1）海关关税计征制度

斯里兰卡海关根据《海关法》对进出境的货物实行关税计征制度。进出口货物在向海关申报时，海关根据货物的种类，采用相应的关税税率对进出口货物征税。进出口商在缴纳完各种税后即可通关。除了缴纳关税，还要缴纳12.5%的货物和服务税、4.5%的国防税。2002年8月1日后，以上两种税合并为增值税。

（2）进口通关程序

进口通关程序如图5-3所示。

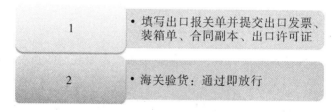

| 1 | •填写进口报关单并提交货通知单、海空运提单、信用证副本、商业发票、装箱单及原产地证明 |
| 2 | •纳税：进口关税、货物和服务税、国防税等 |
| 3 | •验货提货：向海关提出验货申请，然后提货 |

图5-3 进口通关程序

（3）出口通关程序

斯里兰卡政府为鼓励本国产品出口，采取了一系列措施，简化了出口通关程序，主要程序如图5-4所示。

| 1 | •填写出口报关单并提交出口发票、装箱单、合同副本、出口许可证 |
| 2 | •海关验货：通过即放行 |

图5-4 出口通关程序

（4）海关其他规定

海关对进出口货物有以下规定：

一是凡在集装箱站或海关仓库进口或出口的货物，在没有缴纳关税和其他费用时，如需将货物转到另一地，运输人必须在海关登记并缴纳押金。凡是违反这条规定的人，将被处以10万斯里兰卡卢比以内的罚金。

二是任何货物或商品在海关仓库的存放时间从到港卸货之日算起，如超过30天将被公开拍卖，所得收入用于支付关税滞期费、仓储费及其他费用。如有盈余，将归还货主。如无货主，即送交国库。

三是所有存放在国家仓库的货物，其货主将承担货物储存的风险。如发生火灾、偷窃、毁坏或其他原因的损失，海关将不负任何责任，除非货物的损失是由于故意破坏或海关官员失职犯罪造成的。

四是货物的进口商和出口商必须在海关登记注册，否则其货物不允许进出口。

五是斯里兰卡控制出口的货物有：珊瑚和贝壳、木材和木制品（不包括木玩具）、象牙、50年以上的古玩。

六是斯里兰卡海关在某些情况下允许货物不交关税暂时入关。第一种情况是参加展览会的样品，要求展后6个月内货物再出口。如果展览期间货物售出，则必须补交关税。第二种情况是进口商向海关提交保函或保证金，在没有结清关税时就拿到货物。在斯里兰卡，进口商为了逃税而低值报关的情况很多。海关对报关货值常有疑问，有时货物不能立即清关，而进口商又亟须生产或销售，同时又担心货物长期滞留海关导致其他费用，就可能采取这种办法。但对此做法海关一般控制较严。

七是斯里兰卡标准化学会从2000年开始对某些类别的进口商品加强质量监控，要求出口国权威部门提供质量认证，并逐步把更多的商品品种纳入其中，要求每次货物入关，都要向海关提交出口国权威部门的质量证书，即使是很少量的交易也是同样要求，否则海关不予放行。目前列入受控商品清单的有日用瓷器、部分家用电子产品和汽车配件等。

八是斯里兰卡于2018年7月1日起实施离境退税制度。

## （六）赴斯里兰卡的工作准证

### 1. 主管部门

外国人来斯里兰卡工作，应得到斯里兰卡主管部门的工作许可批准。其中，工作所在行业的当地业务主管部门（雇主）负责接收申请和进行初步批准；斯里兰卡外国人就业管理办公室负责同意批准和登记；斯里兰卡移民局负责工作签证的办理。

### 2. 工作许可制度

外国人在斯里兰卡工作，需要经过严格审批。符合条件获得批准的，需遵守斯里兰卡关于外国人雇佣管理的相关规定和斯里兰卡当地法律的规定。其中包括工作范围和性质，以及签证、工资所得税等相关规定等。

按照斯里兰卡移民局规定，以下几种情况可以申请工作签证：

一是经斯里兰卡投资局批准的国有或私人项目的专业工程人员；

二是银行及其下属单位的雇员；

三是志愿者；

四是非政府机构雇员；

五是各国驻斯里兰卡使（领）馆的项目机构或组织的雇员；

六是私营企业及其下属单位的雇员。

**3．申请程序**

外国人在斯里兰卡工作的申请程序为：

第一步：由所雇佣的公司提出申请；

第二步：由雇佣公司所在的行业主管部门证明和批准；

第三步：报斯里兰卡外国人就业管理办公室批准登记；

第四步：由斯里兰卡移民局核对颁发入境许可；

第五步：外国人入境后向上述部门申请居住签证。

同时需要注意的是，按照斯里兰卡移民局的要求，外国人赴斯里兰卡工作前首先要赴斯里兰卡驻外国使（领）馆获得入境签证。抵斯后，需到斯里兰卡移民局领取工作签证。外国人赴斯里兰卡工作切勿以旅行签证或商务签证入境，否则将无法更换为工作签证。

**4．提供资料**

申请个人需向所在公司提供护照复印件、学历和学位证书复印件、英文简历，以及按照移民局规定填写的居住签证表格、移民局批准工作入境的信件及其他证明资料。

申请入境许可签证所需文件：

①完整的签证申请表；

②斯里兰卡雇主签发的确认雇佣关系的信件；

③斯里兰卡雇主的业务登记文件，项目文件以及其他适用的协议；

④斯里兰卡雇主所在行业主管部门或者斯里兰卡投资局出具的办理签证推荐信；

⑤申请人的护照复印件。

申请斯里兰卡工作签证的费用约 2 万斯里兰卡卢比。获取更多信息，请登录斯里兰卡移民局网址 www.immigration.gov.lk。

## ▶四、中国企业进入斯里兰卡市场需要重点注意的合规事项

### （一）投资方面

#### 1. 中国投资者应注意的问题

一要深入进行可行性研究，充分了解当地法律、法规和国情，严格依法依规开展海外经营。谨慎选择合作伙伴，签订合同务求严谨，妥善处理好劳资关系。可根据斯里兰卡投资局招商引资的政策要求申请税费减免等优惠。

二要充分重视科学管理方法的应用，引入适应当地的有效管理方法。提高自身的国际化经营能力，适当引进当地可用人才，以适应熟悉当地的法律环境和经营环境。

三要加强对当地的税收、劳工、外汇管理、环保和安全等政策研究，了解相关法律法规及风土人情，充分尊重当地民风习俗和宗教信仰。

四要加强与当地企业的合作，加强市场调研，做好风险防范。

五要加强文化沟通，增强跨文化沟通的敏感性，识别文化差异，加强文化认同感；通过员工属地化以及尊重当地风俗习惯等方式更好地融入当地社会。

#### 2. 外国投资者的义务、权益保障、合作期限

投资者应与投资管理局签订投资保障协议等以加强风险防范，协议中要特别注意投资优惠政策的规定，确定投资协议期限，以及合同补充与修改的流程。要特别注意的是，较大的投资协议不仅需要得到投资管理局的批准，同时还需要得到内阁与议会的批准。

在斯里兰卡开展投资活动，必须严格遵守当地的环境保护法律，尤其是土地开发项目，需要先取得项目环评手续，同时要加强与当地政府的沟通。斯里兰卡环境保护法律十分严格，若不给予足够重视，可能会造成项目后期受阻。

### 3. 中国企业如何在斯里兰卡开展经贸合作

中国企业应增强社会责任意识，积极回馈当地社会，适当参加当地社会公益活动。企业在开展跨国经营时如果能更多地承担社会责任，将有效改善企业自身的形象、品牌和信誉，这对企业在当地的长远经营发展将产生积极影响。

中国企业开展产能合作时，不仅要有"走出去"的意识，更要有"走出去"的知识。决策前要做好前期投资环境和法律环境的详细论证，规避投资的制度风险。拓展与斯里兰卡的产能合作可能面临的挑战是多方面的，包括环境保护、劳工、知识产权、投资管理税务等。

中国企业要主动融入当地社会，积极开展属地化经营，增加当地税收收入，扩大当地就业。中国企业在斯里兰卡投资发展要尽力解决当地就业问题，与斯里兰卡共建生产聚集区推动当地的产业体系，强化当地的人才培训和教育，帮助提高当地的劳动力素质和技能。

中国企业应严格遵守当地法律法规，注重环保，树立长期发展、合作共赢的理念，为当地经济和社会发展多做贡献，提升中国企业的良好形象。

中国企业应避免同质竞争、恶性竞争，应发挥互补和协调作用，强强联合形成合力。

根据中国企业在斯里兰卡投资项目的经验，中国企业在斯里兰卡投资务必要考虑国家政治的影响，避免由此导致巨大的经济损失；同时，企业应对投资行业的市场进行深入的调查和研究，保证对市场本行业的发展情况和趋势有清晰的认识。

### 4. 中国企业在当地开展投资的案例

目前，中国企业在斯里兰卡投资主要集中在城市开发建设、港口运营领域，在农业、水产、家具制造、酒店餐饮等领域有小规模的投资实例。

## （二）贸易方面

中资企业一定要从维护中国形象与信誉的高度出发，坚持以质取胜，努力提高出口产品质量。同时，中资企业也要加强自身风险防范的意识，有效地规避风险，减少贸易纠纷。一是谨慎选择合作伙伴。应通过合法渠道全面考察斯里兰卡企业的可靠性和实力。可通过斯里兰卡商会、协会寻找具有一定规模、实力和信誉的企业。二是在交易过程中坚持正常的商业交易准则，合理规避风险。三是交易前充分沟通，对交易合同内容理解准确，完善合同条款，减少漏洞和不必要的误解。四是及时关注斯里兰卡的政治环境、税务政策的调整，这些有可能对贸易产生不利影响。

## （三）承包工程方面

承包工程注意事项：

①充分了解斯里兰卡政府法律规定，熟知市场资源（劳动力、材料、海运周期等）情况；

②服从中国对外承包工程商会和斯里兰卡中国企业商会的协调；

③严格遵守当地税务征收规定；

④严格遵守当地劳工法律，理性解决劳资纠纷；

⑤严格遵循合同条款、菲迪克条款；

⑥加强对合同中的国际规则或惯例的理解；

⑦科学评估项目实施风险，合理投标；

⑧强化人身安全防范措施；

⑨不得与其他中资企业恶性竞争；

⑩充分尊重当地民风习俗和宗教信仰等；

⑪避免参与当地政治和党派活动。

近几年中国企业在斯里兰卡承揽了较多工程项目，如南部高速延长线项目，由中国航空技术国际工程公司、中国建筑股份有限公司和中国港湾工程有限公司承建；斯里兰卡中部高速第一段建设项目，由中国冶金科工股份有限公司承揽；斯里兰卡班达拉奈克国际机场跑道重铺项目，由中国航空技术国际工程公司承建；南部铁路延长线项目，由中国机械进出口（集团）有限公司承建。

根据以上承包工程的经验，中国企业进行工程承包时务必要注意以下几点：

①应考虑到斯里兰卡沙石土等材料供应紧缺，征地缓慢，地方政治势力干涉等因素，提前做好准备和防范；

②防范业主在项目融资未落实的情况下要求承包商入场开展工作的风险；

③业主支付工程款存在滞后的情况，工程承包企业要注意自身现金流的问题，并及时向业主进行延迟支付的索赔；

④注重中方在斯里兰卡务工人员的培训和教育，建立健全劳务管理制度，加强劳务管理，保障和维护劳务人员的合法权益，避免劳务纠纷；

⑤签约和实施阶段对于存在风险的条件需保持警惕，提高合约意识、契约精神和风险识别能力，排除侥幸心理，防范陷入风险泥潭，造成无法挽回的损失；

⑥建立健全的应急预案，在发生大规模宗教活动、游行示威、社会暴乱、暴力阻工、恐怖袭击等危害活动时，能及时做出反应并采取有效措施，以保障中方人员的人身财产安全和企业利益。

### （四）劳务合作方面

斯里兰卡严格限制雇用外籍劳务。除承包工程项目或投资项目项下协议规定外，其他领域基本上不允许外籍劳务人员进入。应注意以下几点：

①按规定通过具有对外劳务合作资质的单位对外派出劳务；

②杜绝持旅游签证来斯里兰卡务工的情况；

③严格遵循当地法律，比如《劳动法》《妇女与未成年人用工法令》等。

近年来中资企业逐渐进入斯里兰卡房建领域，由于当地高级技术劳工缺口较大，各个中资企业引进了大批中国技术工人执行承揽的房建项目。同时一些大型的项目，例如南部高速延长线项目，中资企业专门引进了一些特定技术工种的工人开展特殊的工作。中资企业在当地开展的劳务合作极大地提高了工作效率，保证了承揽工程的顺利实施。但是在这个过程中也出现了一些问题。因此，应重点关注以下事项：

①对招聘的当地员工，应签署合规合法的劳务雇佣合同，明确双方的责任和义务，实行统一管理；

②遵守当地务工相关法律要求，保证承建项目的业主利用合法的途径申请工作签证；

③为劳务工人购买足额的人身安全保险；

④涉及劳务分包的，应选择信誉好、能够长期合作的劳务分包公司，并加强对劳务分包公司的管理，签署分包合同，明确双方权利责任，避免出现纠纷；

⑤按时发放劳动报酬，杜绝拖欠工资的现象；

⑥重视劳动保护，加强安全管理，保障劳工人身安全，关注劳务人员健康，预防传染性疾病；

⑦尤其需做好疫情常态化防控工作，若发生感染，应及时向使馆报告。

## （五）风险防范

在斯里兰卡开展投资、进行贸易、承包工程和进行劳务合作的过程中，要特别注意事前调查、分析、评估相关风险，事中做好风险规避和管理工作，切实保障自身利益。包括对项目或贸易客户及相关方的资信调查和评估，对投资或承包工程国家的政治风险和商业风险的分析和规避，对相关法律法规的深入了解，对国家政策导向的解读与把控，对项目本身实施的可行性进行分析等。相关企业应积极利用保险、担保、银行等保险金融机构和其他专业风险管理机构的相关业务保障自身利益。包括有关贸易、投资、承包工程和劳务类信用保险、财产保险、人身安全保险等，银行的保理业务和福费廷业务，各类担保业务（政府担保、商业担保、保函）等。

建议企业在开展斯里兰卡对外投资合作过程中使用中国政策性保险机构——中国出口信用保险公司提供的包括政治风险、商业风险在内的信用风险保障产品，也可使用中国进出口银行等政策性银行提供的商业担保服务。

根据斯里兰卡的投资合作环境和中资企业以往的经验，中资企业还应注意以下事项：

斯里兰卡是一个注重环境保护的国家，中资企业在当地从事各种活动都要注意保护环境，对于一些重大的投资或者工程建设，需要有环评报告、环境保护的计划和环境监测等。

斯里兰卡也注重知识产权的保护，中资企业在当地从事相关活动时务必要遵守相关的法律。

中国企业在斯里兰卡进行投资合作时，应加强调研，充分考虑当地经济发展趋势和货币贬值等因素，做好预判。同时，应注意在从事相关活动时防止商业诈骗行为，可以通过律师来审核相关的法律文件，并在相关注册部门核实对方情况的真实性。

2020年以来，在全球新冠肺炎疫情和俄乌冲突的影响下，斯里兰卡经济状况持续恶化，外汇储备枯竭、恶性通胀，导致大规模的反政府示威活动频发。2022年7月5日，斯里兰卡议会宣布国家破产，总统随即离境，虽然 7 月 20 日上台的新政府积极寻求国际社会的经济援助，但困扰斯里兰卡经济的根本性问题仍未解决，国内社会政治氛围和治安形势依然严峻。

## （七）建立和谐关系

### 1. 处理好与政府和议会的关系

斯里兰卡作为总统共和制国家，中央政府起决定性作用。在处理与政府的关系时，中国企业应注意以下内容：

斯里兰卡政府高度重视并积极推动中斯经贸合作。中资企业无论是投资还是从事贸易或工程项目，都应重合同、守信用、懂法律，维护企业良好的信誉。要与斯里兰卡相关政府部门保持畅通、有效的沟通和联络，争取得到斯里兰卡相关政府部门的理解和支持。中资企业应加强自身的管理，遵守斯里兰卡的法律规定，尊重当地人民的选择。

议会是斯里兰卡的最高立法机构。中资企业应妥善处理与议会的关系，可多与议员接触，结交朋友，争取议员的理解和支持，尤其是要得到项目所在地区议员的理解和支持。

### 2. 妥善处理与工会的关系

中资企业应认真研究并严格遵守斯里兰卡《劳工法》，加强与斯里兰卡劳工和工会关系部、斯里兰卡主要工会等政府部门和社会组织的沟通交流。严格按照当地法律要求，结合企业自身发展需要，尽可能地为当地居民提供更多的就业机会和良好的就业条件。

重视并妥善处理与工会的关系。一方面，中资企业应加强并规范自身的内部管理，避免劳资纠纷，与工会保持良好关系；另一方面，一旦出现劳资矛盾，与工会交涉时，应注意沟通渠道和方式，尽量避免矛盾的进一步扩大，将矛盾控制在劳资双方都可以接受的范围内。此外，在与工会交往时应充分尊重斯里兰卡人文背景、民族习惯和思维习惯等。同时，斯里兰卡工会和行业协会较多，罢工集会时有发生，中资企业应避免参与其中。

中资企业可加强对当地雇员的人文关怀，对有实际家庭困难的当地雇员，积极主动地采取帮扶措施；同时，为当地雇员提供培训交流机会，提高当地雇员专业水平和能力。

### 3. 密切与当地居民的关系

中资企业在与当地居民交往的过程中应充分尊重其文化习惯和礼仪，

积极吸收当地居民就业，支持当地的社区建设和发展，积极参与公益活动，回馈社会。同时要注意当地居民的工作和生活规律，避免施工现场和居住地出现扰民现象等。

中资企业在建项目在施工过程中经常遇到居民投诉扰民等。可通过加强与项目周边居民的沟通，找问题、抓矛盾，提高施工效率，尽快完成施工内容，争取得到周边居民的理解，以达到回馈社会、共建和谐社区的目的。

**4. 尊重当地风俗习惯**

中资企业和赴斯里兰卡工作的员工应该了解并尊重当地风俗习惯和宗教信仰，注意相关禁忌。

斯里兰卡为一个多民族、多族群、多宗教的国家，中资企业在生产经营活动中应充分尊重各族群传统文化，不介入当地族群及教派问题，且不参与任何教派、族群事务。在社交、工作、休闲等不同场合，应注意着装，尊重当地居民的信仰和文化习俗。拜会或洽谈时，应提前预约。

**5. 依法保护生态环境**

斯里兰卡生态环境较好，政府重视环境保护，制定了严格的法律法规。在工程或投资项目的评估方面，环境影响评估占有很高的权重。政府严格控制可能造成环境污染的行业。在建筑施工中，要求严格控制噪声、灰尘、水源污染等。此外，当地居民的环保意识较强，对违反环保法律法规的企业，会向有关当局投诉或通知媒体，甚至自发组织活动要求违规的企业整改或赔偿。中资企业应深入了解斯里兰卡环境保护法律的相关规定，切实提高环保意识，杜绝环境污染和破坏。

从中资企业的实践来看，中资企业在承接高速路项目后，认真学习当地环境保护法律法规，结合企业自身项目情况，在环境保护方面采取了一系列措施，得到了当地政府和居民的认可：

一是在项目道路施工设计中增加动物通道，为动物的迁徙开辟绿色通道，同时在设计中避开动植物自然保护区等环境保护敏感区域，最大限度地降低工程对当地环境的影响；

二是在保护空气质量方面，采石场采用了控制碎石扬尘的干式布袋除尘环保设备，有效控制了生产过程中的灰尘，保障了生产区域的空气质量；

三是为了做好施工过程中的水源保护，在桩基施工作业中使用专用泥浆罐和造浆设备进行泥浆封闭循环使用，有效避免了水源污染问题。

**6. 承担必要的社会责任**

中资企业应积极履行社会责任，包括向斯里兰卡当地居民提供良好的就业机会和工作条件，提供技能培训；关心弱势群体，积极参加当地的公益活动；援助遭受灾害的地区和群众；远离商业贿赂；安全生产；遵守社会公德等。在斯里兰卡的商业经营活动中，应体现中资企业的社会责任文化，树立中资企业的良好形象。

2019 年，在斯里兰卡中国企业商会的组织协调下，一大批驻斯中资企业积极履行企业社会责任，通过捐赠、捐建有关基础设施设备，捐助困难群众等方式，不断扩大中资企业影响，加大中资企业融入当地社会的力度。

**7. 懂得与媒体打交道**

斯里兰卡媒体分为官方媒体和私营媒体。中资企业应该重视媒体的舆论影响力，善与媒体打交道，适当向媒体开放，加强信息披露和危机管理，积极主动引导舆论，展示中资企业形象。

从中资企业的实践来看，2016 年，投资建设科伦坡港口城项目的中国交通建设集团有限公司面对少数媒体的刻意不实报道，主动发声澄清事实，利用当地主流媒体进行正面宣传引导，积极维护在斯形象和企业自身合法权益。中国建筑股份有限公司斯里兰卡分公司与斯里兰卡社会服务部在汉班托塔地区共建养老院，得到了多家主流媒体的报道，展示了中资企业的社会形象。招商局集团运营的汉班托塔港，积极利用媒体正面宣传汉班托塔港的意义和作用，让当地民众意识到汉班托塔港对经济发展的重大意义。

**8. 学会和执法人员打交道**

斯里兰卡警察在社会管理中的一般职责是维护社会治安、维护交通安全和交通秩序、侦查违法犯罪活动等。对斯里兰卡境内的外国人，警察有义务保障其人身和财产安全。

斯里兰卡检察部门的一般职责为受理报案、受理公民的申诉、对案件进行判决等。管理外国人时同样按照斯里兰卡法律程序进行管理。

斯里兰卡税务部门的一般职责为税务管理、税务征收、税收检查以及税务违法处理等。对外国人的业务活动也按照斯里兰卡法律实施征税。

在斯中资企业员工出入境禁止携带违禁物品，同时要对小部分索贿海关人员的无理行为坚决自觉抵制，积极维护中国形象。

中资企业要加强普法教育，了解当地法律法规。企业要备齐证件并妥善保管。人员外出要携带证件，并配合查验，必要时可要求对方出示证件证明身份。在和政府的执法人员打交道时应尊重当地的法律和规定，避免过激的言行，并注意提出合理要求。在遇到不公平处理时要理性应对，可通过律师协调，并可向其上级投诉。同时，还可联系中国驻斯里兰卡大使馆领事处寻求帮助。

# 第六篇

# 马尔代夫

## ▷一、中国与马尔代夫经贸合作概况

1972 年 10 月 14 日中马建交，建交后两国友好合作关系不断发展，两国领导人曾多次互访。2011 年 11 月 8 日，中国正式在马尔代夫设立大使馆。2014 年 9 月，国家主席习近平对马尔代夫进行国事访问，两国元首一致同意构建中马面向未来的全面友好合作伙伴关系，这是中马两国建交 42 年来中国国家主席首次访问马尔代夫。2017 年 12 月，马尔代夫总统亚明对中国进行了国事访问。2018 年 11 月，马尔代夫组建新政府，萨利赫总统多次表示，中国是马尔代夫重要的发展伙伴，将继续保持与中国的友好合作关系。

马尔代夫是世界著名的旅游胜地，市场开放度较高，鼓励外国资金进入几乎所有领域。近年来，马尔代夫强调发展经济，实行小规模开放型经济政策，坚持在保护环境的基础上发挥自身优势，积极吸收国外资金与援助，加快经济发展。马尔代夫对外国投资提供法律保护，企业可以自由聘用外国管理、技术人员和劳工，投资利润和所得可自由汇出。

马尔代夫营商环境一般，世界银行发布的《2020 年营商环境报告》显示，马尔代夫在 190 个经济体中，排名第 147 位。世界经济论坛《全球竞争力报告》未对马尔代夫进行排名。

中马经贸合作关系始于 1981 年。1982 年，两国恢复直接贸易。

双边贸易以中国对马出口为主，中国自马进口很少。据中国海关统计，2019 年中马双边贸易额约 3.8 亿美元，同比下降 4.2%。

2015—2019 年中国和马尔代夫进出口数据统计如表 6-1 所示。

表 6-1　2015—2019 年中国和马尔代夫进出口数据统计

| 年份 | 进出口总额/千美元 | 中国出口额/千美元 | 中国进口额/千美元 | 累计比上年同期增减/% | | |
| --- | --- | --- | --- | --- | --- | --- |
| | | | | 进出口 | 出口 | 进口 |
| 2015 | 172 845 | 172 663 | 182 | 65.6 | 66.0 | −52.1 |
| 2016 | 320 968 | 320 730 | 238 | 85.7 | 85.8 | 34.5 |
| 2017 | 296 358 | 295 738 | 621 | −7.7 | −7.9 | 160.2 |
| 2018 | 397 285 | 396 252 | 1 033 | 34.1 | 34 | 66.5 |
| 2019 | 381 726 | 348 007 | 33 719 | −3.9 | −12.2 | 3 164 |

资料来源：中国海关。

据中国商务部统计，2019 年中国对马尔代夫直接投资流量 694 万美元；截至 2019 年年末，中国对马尔代夫直接投资存量 8 247 万美元。2019 年中资企业在马尔代夫共计有 7 个投资项目，如马尔代夫维拉纳国际机场扩建工程项目、马尔代夫 Ambara 酒店项目、马尔代夫胡鲁马累一号河道项目等。

## ▶二、马尔代夫对外国投资合作的相关政策及法律法规简介

### （一）对外贸易政策

#### 1. 贸易主管部门

经济发展部是马尔代夫的贸易主管部门，主要负责贸易政策的制定和实施。

#### 2. 贸易法规体系

马尔代夫有关对外贸易的基本法是《进出口法规》（法律编号：31/79）。以此为核心，形成了由《可流通票据法规》（法律编号：16/95）、《货物销

售法规》（法规编号：6/91）和《消费者保护法》（法律编号：1/96）共同组成的对外贸易法律体系。

**3. 贸易管理的相关规定**

马尔代夫对货物进口实行严格的许可证管理制度。

（1）禁止进口的商品

主要包括违反伊斯兰教的物品、神像、色情书刊、活猪、麻醉致幻类药品等。

（2）限制进口的商品

主要包括武器弹药、酒类商品、猪肉或其制品、化学制品、宠物、烟花及爆炸物、药品、烟等。有特殊需求的单位，必须经过有关部门批准后方可进口上述商品。

（3）提供有关证明（许可）后方可进口的商品

主要包括活的动植物、药品、音像制品、无线通信设备等。

（4）禁止出口的商品

主要包括龟背和龟背产品、饵鱼、黑珊瑚及其制品、鳗鱼、河豚、海豚、彩虹鱼、鹦鹉鱼、魔鬼鱼、15厘米以下的大眼鲹、鲸鱼、龙虾、特里同螺、马蹄螺和珍珠牡蛎等。

**4. 进口商品/入境人员检验检疫**

马尔代夫政府对进口商品实行较为严格的检疫检验，尤其是对动物进口要求卫生许可证和进口许可证。

马尔代夫所有港口均加强了对入境旅客的监控，并对入境的食品和动物进行不间断的检查。对来自黄热病及疟疾疫区的货机和客机进行强制消毒。

## （二）对外国投资的市场准入政策

**1. 投资主管部门**

马尔代夫政府非常鼓励外商在马尔代夫进行投资。根据马尔代夫《外国投资法》（法律编号：25/79）调整规范外商投资行为，规定：马尔代夫经济发展部负责审批旅游业以外所有行业领域的投资；旅游部负责审批旅游业的投资。

**2. 投资行业的规定**

（1）马尔代夫《外国投资法》（法律编号：25/79）的主要规定

一是外籍人士在马尔代夫投资应向审批该行业的部门提交列明投资计

划、条件、实施方式和规划的投资协议，其投资活动的期限为整个协议的有效期。

二是在马尔代夫境内无法提供足够投资生产所需原材料的情况下，方可从境外获取。

三是除必要岗位外，其余岗位必须雇用马尔代夫公民。

四是若投资生产产品为马尔代夫居民所需，则该产品应按经政府与外国投资者双方协定后的一定比例投放于马尔代夫市场。

五是马尔代夫政府可自行决定一段时期内免除投资的关税和其他税务，但此不适用于旅游行业 [（该行业税收标准参考《马尔代夫旅游业法》（法律编号：15/79）]。

（2）鼓励投资的行业及地区

目前，马尔代夫政府无特殊的行业及地区鼓励政策。目前政府欢迎的重点投资领域包括旅游、基础设施、房地产开发、渔业加工、金融、清洁能源、环境保护、医疗卫生等领域。

（3）投资受限制的行业

马尔代夫允许外国投资进入大部分主要经济行业，但以下几种行业仅限当地人投资：摄影及相关业务，纪念品贸易及相关业务（批发或零售），岛间旅客中转服务（境外投资者可参与合资，其中当地持股需占51%），水上运动及相关业务（境外投资者可参与合资，其中当地持股需占51%），海关保税仓库的经营，马尔代夫专属经济区内渔业，金枪鱼的采购、加工和出口。

### 3. 投资方式的规定

除上述投资受限制的行业外，原则上马尔代夫对外国投资行业没有限制。

为鼓励投资，2014年马尔代夫颁布《经济特区法》 （法律编号：24/2014），对投资建立经济特区的税收、政策、政府监管和奖励等做出相关规定，但其中未对外国投资做出单独规定（后期新增当地对外国自然人开展投资合作的规定，对外国投资建设开发区、出口加工区的规定，对外国投资者以二手设备出资开展投资合作的规定），亦无相关立法公开。

### 4. 基础设施 PPP 模式发展情况

马尔代夫尚无专门管理 PPP 模式的政府部门，亦无与 PPP 模式相关的法律法规。已实施的 BOT 项目很少，但为促进外资进入，马尔代夫政府正在尝试推行 PPP 模式下的 BOT 模式，如太阳能发电项目、污水处理项目、填海造地项目、跨海大桥项目等，特许经营年限并不固定。

（1）典型项目

截至目前，在马尔代夫曾实施的 BOT 项目为马累国际机场项目，但已被终止。2010 年，马尔代夫前政府与印度 GMR 集团签署了马累机场建设运营合同，将马累国际机场交由 GMR 集团运营，且 GMR 集团负责实施机场扩建，期限 25 年。马尔代夫现政府以该合同有关条款未经过议会批准为由，宣布该合同非法，命令 GMR 集团撤离，并重新接管了该机场。

（2）主要项目情况

目前，中资企业在马尔代夫承建的项目均为现汇项目或 EPC 项目（工程承包项目）。

## （三）税收政策

### 1. 税收体系和制度

马尔代夫税收体制相对简单，但近年来税种有增加趋势。其主要税种包括：进口税、旅游税、商品及服务税、旅游商品及服务税、企业所得税、银行利润所得税、个人所得税、机场服务税、电信税（2013 年实行）等。除税收外，旅游岛租赁费也是马尔代夫财政收入的一个重要来源。此外，马尔代夫政府也征收其他名目的税费，如公司注册费、特许经营费、印花税和机动车船税等。

马尔代夫官方数据显示，2019 年国家税收收入为 10.5 亿美元，其中旅游商品及服务税 3.1 亿美元、不含旅游业的商品及服务税 1.9 亿美元、进口关税收入 2 亿美元。

### 2. 主要税赋和税率

（1）企业所得税

根据《营业所得税法》（法律编号：5/2011），一般税率规定如下：对于本地企业，年利润在 50 万卢菲亚以下的，税率为 0%，50 万卢菲亚以上的，税率为 15%；对于外商独资和合资企业，税率一律为 15%。另外，根据收入来源的不同，还有一些不同抵扣方法。

（2）个人收入所得税

个人收入所得税累进计税如表 6-2 所示。

表 6-2　个人收入所得税累进计税

| 级数 | 全年累计应纳税所得额 | 税率/% |
|------|--------------------|--------|
| 1 | 36 万卢菲亚以下部分 | 0 |
| 2 | 36 万~72 万卢菲亚部分 | 3 |
| 3 | 72 万~120 万卢菲亚部分 | 6 |
| 4 | 120 万~180 万卢菲亚部分 | 9 |
| 5 | 180 万卢菲亚以上部分 | 15 |

（3）旅游税

根据马尔代夫《旅游法》（法律编号：2/99），入住马尔代夫各旅游酒店的游客，需向马尔代夫政府缴纳 8 美元/晚的床位税。

（4）商品和服务税

此税根据《商品和服务税法》（法律编号：10/2011）征收，征收标准分为普通商品和旅游商品。普通商品年销售额在 100 万卢菲亚以下的不需缴税，旅游商品一律缴税。自 2011 年 10 月 2 日开始征收，之后税率不断提高，2011 年为 3.5%，2012 年提高至 6%。自 2013 年 1 月 1 日开始，旅游商品和服务税率升高至 8%，2014 年提高到 12%。

（5）外国投资管理费

根据马尔代夫《外国投资法》（法律编号：25/79），所有在马尔代夫经济发展部注册的外国投资项目，每个项目均须支付管理费 2 000 美元（2019 年 1 美元约可兑换 15 卢菲亚）。

（6）外资公司注册费

外资公司注册费取决于公司被授权的注册资本费（法律要求最低为 130 美元），印花税 500 卢菲亚。

（7）公司年费

所有马尔代夫的公司均须缴纳年费，公众公司每年 1 万卢菲亚，私人公司每年 2 000 卢菲亚。

（8）机动车管理费

各种机动车辆均须按年缴纳管理费，摩托车、汽车根据发动机排气量收费标准从 180 到 7 500 卢菲亚不等。

## （四）环境保护政策

### 1. 环保管理部门

马尔代夫环保管理部门是马尔代夫环境部，下属部门包括气候变化管理部门、能源管理部门、环境保护部门、废物管理和污染控制部门等。

（1）气候变化管理部门

该部门的职责是：确保和整合应对气候适应性和低排放发展措施的持续性融资；加强和发展低排放系统，确保能源安全；建立气候适应性基础设施（包括沿海保护）和社区，以解决当前的问题；倡导在国际谈判和跨部门领域发挥国家、区域和国际合作的作用；支持最脆弱的发展中小岛屿国家；在确保安全、经济可持续性和主权不受气候变化负面影响的同时，促进可持续发展；加强国际合作以促进投资和互认共识。

（2）能源管理部门

该部门负责根据马尔代夫的立法框架，制定与能源部门有关的政策。通过加强国际合作，促进投资和互认共识，并致力于提高对能源和消费的认识。该部门分为两个分部——政策和发展分部以及能源技术发展分部。这两个分部共有6个单元。

①政策和发展分部负责实施能源部法律法规和制定能源部战略，负责确定和提供最便利的能源，以满足国内需求，同时管理碳中和。

该分部包括3个单元：能源和政策战略、国际发展以及能源发展。

②能源技术发展分部旨在限制能源滥用和浪费。其向政府和法律部门提供能源有效使用、低碳发展战略和可再生能源技术方面的建议，收集马尔代夫可用的可再生资源数据，开发该领域，并实施相关项目。

该分部包括3个单元：能源使用管理、可再生能源技术以及项目和计划。

（3）环境保护部门

该部门的核心职责是保护马尔代夫独特的自然栖息地。其向政府提出法律法规方面的建议，制定并实施与环境相关的政策、战略。该部门由政策规划和国际关系分部，以及环境保护和评估分部组成。

①政策规划和国际关系分部职责为履行国际环境条约和组织的义务，包括《联合国防治荒漠化公约》《维也纳保护臭氧层公约》《生物多样性公约及其卡塔赫纳生物安全议定书》《控制危险废物越境转移及其处置的巴

塞尔公约》以及《南亚合作环境计划》（SACEP）。该分部开发创新融资机制，为环境保护项目提供资金，加强民间组织和公共部门的作用和参与度，负责规划和实施公众意识计划。

②环境保护和评估分部职责为制定和实施保护马尔代夫生物多样性等的战略；与政府、私营机构以及公共部门共同协调管理沿海保护项目；研究并提供有关环境污染的建议和技术援助，收集地理信息数据。该分部包含两部分：污染与化学制品、生物多样性与环境状况。

（4）废物管理和污染控制部门

废物管理和污染控制部门负责提供安全的废物处理方式，并制定符合经济环保以及政府规定的措施，在所有居民岛屿实施废物管理和污染控制项目。该部门还负责起草国家战略和行动计划，以实施国家政策。

该部门由政策与规划以及研究与发展两部分组成，具体任务是：

为所有部门和各级实体（家庭、岛屿、环礁和全国范围）设计和实施废物管理计划，以最大限度地提高系统效率，并提供所需的资金和技术援助；为所有居民岛屿提供必要的废物管理设备并监测其是否被正确和及时地使用；在各领域制定和开展定期的公共教育计划和宣传活动，并侧重于废物管理和污染控制领域的能力建设；定期收集废物统计数据和废物设施清单，为参与废物管理的组织、理事会和社区定期开展培训；建立废物管理区域，为每个区域安装区域废物管理设施和系统，并确保废物安全转移到这些区域，集中处理；及时了解最新的废物管理研究和技术，确保在所有工业设施中正确进行废物管理。

**2. 主要环保法律法规名称**

马尔代夫有许多关于环境保护的立法，例如：《1993 年马尔代夫环境保护法》，《1978 年人居岛屿珊瑚石、沙土和鹅卵石开采法》，《1987 年马尔代夫渔业法》，《马累北部港口禁止排放废物法》（法律编号：33/78），《马累沿海地区采矿法》（法律编号：34/78），《严禁开采马累土壤、珊瑚法》（法律编号：55/78），《矿产、珊瑚、砂石及采集法》（法律编号：77/78），《马尔代夫渔业法》（法律编号：5/87），《船舶飞机残散法》（法律编号：8/96），《1999 年马尔代夫旅游法》，《进出口法》（法律编号：31/79），《马尔代夫禁止入境物品法》（法律编号：4/75）。

同时，不同的政府部门会不时颁布一些不同类型的法规，其中一部分将影响度假景区的运营。例如，前住房及基础设施部对在马尔代夫建筑物建设中应采用的方法和材料标准制定了相关法规；旅游部为管理度假村及岛上房地产开发区域的房间、设施的质量和标准制定了相关法规。

马尔代夫也签署了一系列环境保护的国际公约和条约：

《保护臭氧层维也纳公约》（1985）；

《关于消耗臭氧层物质的蒙特利尔议定书》（1987）；

《控制危险废弃物越境转移及其处置的巴塞尔公约》（1989）

《21世纪议程》及《里约环境与发展宣言》（1992）；

《生物多样性公约》（1992）；

《联合国气候变化框架公约》（1992）；

《南亚区域海洋行动计划及其实施的相关决议》（1994）；

《保护海洋环境免受陆上活动污染的华盛顿宣言》；

《联合国气候变化框架公约的京都议定书》（1997）。

1993年《马尔代夫环境保护法》构成国家环境保护的法律基础。此法案作为环境保护机关的法律保护伞，赋予环保管理部门对环境保护问题广泛、强制性的权力。

**3. 环保法律法规基本要点**

提倡全民环保，各相关政府部门均需要制定相关行业的环保条例；明确负责环境保护和评估的政府职能部门和职责；对废弃物、油、有毒和有害物品进行界定；针对破坏环境的行为制定具体惩罚标准。

马尔代夫制定了"一岛一度假村"政策。每个度假区内的建筑只能占景点面积的20%；度假区内建筑的高度不能超过该区域内最高的棕榈树；部分环状珊瑚岛周围禁止捕猎鲨鱼等鱼类；海龟是保护动物，禁止买卖海龟。

马尔代夫曾提出计划，到2020年成为碳中和国家，因此该国将对游客自愿征收每年可高达1亿美元的碳税，到2020年将马尔代夫打造成全球第一个碳中和国家，即二氧化碳排放为零。但此目标尚未达成。

**4. 环保评估的相关规定**

目前，马尔代夫环保评估主管机构为环境部下属的环境保护局。马尔代夫环评法规主要是2007年住房部出台的《环境影响评估规定》。该《规定》就环评报告的范畴、申请程序、项目规划、法定责任等一一做了规定。根据该《规定》，申请人（本国与外国企业）在马尔代夫进行投资或承包工程前，向具有资质的环评顾问提供材料，请其就项目对环境与生态系统的累积影响等出具鉴定意见，而后申请人将鉴定意见与其他材料提交至环境保护局，环境保护局于 5 个工作日内召开会议审核材料，并确定是否需要做现场勘查，审核后在 2 周内向申请人签发环境决定声明，对申请人的项目或行为是否会对环境与生态构成严重影响或威胁做出结论。申请人需负担期间所有费用，并向环保局支付一定的管理费用，费用金额视项目规模而定，需提前缴纳，且不能退还。

## （五）马尔代夫反对商业贿赂法律概述

马尔代夫设立有反腐败委员会（ACC，网址：www.acc.gov.mv），是专门调查马尔代夫腐败事件的机构，相关法律有《反腐败委员会法案》及《预防和禁止腐败法案》。《预防和禁止腐败法案》对 16 类涉及贿赂和腐败的违法行为进行了规定，约束对象包括政府官员、议会人员、司法人员、公众社团、企业、个人等。根据该法，行贿、受贿、索贿，同意行贿、受贿以及不能有效配合调查者将被视同犯罪，将根据不同对象，判处 1 年至 10 年以下有期徒刑，方式为监狱关押、监禁、放逐等。

同时根据有关规定，必须是本国居民才能加入党派。

## （六）马尔代夫对外国公司承包当地工程法规概述

### 1. 许可制度

外国承包商在本地承包工程分为国际招标工程和本地招标工程。国际招标工程根据招标方要求及国际招标法执行，满足 FIDIC 条款规定。本地招标工程有时需限制投标方为当地企业组成的联合投标体或为在马尔代夫注册的企业。在马注册企业，应满足《马尔代夫共和国外商投资法》规定。

马尔代夫一般不限制外国自然人在当地承揽工程，但是根据各项目的规模、资金情况和业主要求，对承包商的要求是不一样的，特殊要求会在招标文件中说明（包括企业性质、是否需要在当地注册、资质要求等）。

当地工程验收规范以规划部和业主要求为准，各项目的验收要求各有差异，当地遵循的是英国标准，与国标有差异，但也可以经过协商执行中国标准。

### 2. 禁止领域

马尔代夫外国投资法规未对外资不允许进入的行业做出规定，行业管理鼓励利用当地劳动力或者引进利用外国先进技术和资源的投资项目。可允许投资的行业如下：财务顾问业务，审计业务，保险业务，水上体育活动，商业潜水（海上救助），国内航空运输，航空公司的餐饮服务，大鱼拖钓船，技术支持服务（影印机、电梯、ATM 机），服装制造，水生产、装瓶、配送，公共关系咨询、社论、广告和翻译服务，水泥包装和配送，航空公司和水运航线的普通代理商、乘客代理商、货物代理商，温泉经营管理，水处理厂，船，软件开发和相关支持服务，融资租赁服务，水产加工，传统医疗服务，水下摄影摄像产品和明信片，冰块制作，特色餐厅，专业企业评估，航空学校，IT 系统综合实现服务。

除个别行业外，原则上马尔代夫对外国投资方式没有限制。根据马尔代夫政府有关规定，渔业捕捞禁止外资进入，零售业必须与当地人合资经营。

**3. 招标投标**

招标一般为国际公开招标，有时也有议标。国际金融机构和外国政府援建的项目则根据资助机构的规定进行发包。通常会有资格预审、公开招标、发布中标和授予合同等基本程序。在特殊情况下，会通过谈判方式确定合同条款及价格。

### （七）马尔代夫保护知识产权法规概述

**1. 当地有关知识产权保护的法律法规**

马尔代夫是世界知识产权组织的成员，但直到 2011 年，马尔代夫议会才通过了《版权与相关权利法》。这是马尔代夫第一部真正意义上保护知识产权的法律，版权保护的对象包括文字作品，音乐、戏剧、曲艺、舞蹈作品，美术、摄影作品，电影、电视、录像作品，工程设计、产品设计图纸及其说明，地图、示意图等图形作品，计算机软件等。马尔代夫没有保护商标的专门法律。

马尔代夫经济发展部是负责版权、商标、标识、商业名称的管理部门，单位或个人可在该部门注册商标、标识等。

**2. 知识产权侵权的相关处罚规定**

根据《版权与相关权利法》，法院对侵犯他人知识产权的企业或个人可发布禁令，要求其停止侵权行为并赔偿权利所有人相应损失。情节严重的，法院有权查扣侵权物品，并对侵权人处以 1 万至 3 万卢菲亚罚金；情节特别严重的，处以 5 万至 30 万卢菲亚罚金，并处以 5 年以下监禁。

## （八）中国与马尔代夫签署的相关协定

### 1. 互免签证和签证费协定

1984 年 10 月，中国政府和马尔代夫政府共同签署了《中华人民共和国政府和马尔代夫共和国政府关于互免签证和签证费的协定》。1997 年 5 月，中国政府和马尔代夫政府签署了《中华人民共和国政府和马尔代夫共和国政府关于中华人民共和国香港特别行政区与马尔代夫共和国互免签证的协定》。根据上述协议：

缔约一方持有效外交护照、公务护照的公民，通过缔约另一方对国际旅客开放的所有口岸入境、出境或过境，免办签证。在对方境内逗留期限一般不超过 1 个月。如逗留 1 个月以上，则需向当地主管机关办理延长逗留期手续。延期手续免费办理。免办签证的任何缔约方的公民，应遵守缔约另一方有关逗留、境内旅行和执行职业性活动的法令和条例。

中国公民持因私护照赴马尔代夫旅游，可获得 30 天免费落地签证。

缔约一方免除另一缔约方需办签证的持普通护照和其他代替护照证件的公民的签证费。缔约一方有权禁止不受欢迎的另一缔约方公民进入自己的领土或拒绝他们逗留。

### 2. 航空运输协定

1994 年，中国政府和马尔代夫政府共同签订了《中华人民共和国政府和马尔代夫共和国政府民用航空运输协定》。

### 3. 自由贸易协定

2017 年 12 月 7 日，在国家主席习近平和马尔代夫总统亚明的共同见证下，商务部国际贸易谈判代表兼副部长傅自应与马尔代夫经济发展部部长穆罕默德·萨伊德分别代表两国政府，在北京正式签署《中华人民共和国政府与马尔代夫共和国政府自由贸易协定》。

## （九）解决商业纠纷的主要途径及适用法律

在马尔代夫解决商务纠纷的主要途径一般为仲裁。仲裁机构可以是双方合同中约定的国际仲裁机构，也可以是马尔代夫仲裁机构，适用的法律一般为马尔代夫本国法律。

仲裁是一个争议解决程序，在这一过程中，选择一名中立的马尔代夫仲裁员，并授权其在有投诉或争议的当事方之间做出决定。马尔代夫仲裁员听取各方提出的分歧和证据。在仔细审查所有相关资讯后，马尔代夫仲裁员将对案件较多的当事人做出裁决。马尔代夫仲裁裁决可能具有约束力或不具约束力，具体取决于仲裁条款。具有约束力的仲裁裁决与法院判决具有同等意义。马尔代夫仲裁员裁决不能由法院审查，法院也不能对马尔代夫仲裁员的裁决提出上诉。马尔代夫仲裁的费用比法院诉讼费用更低，且争议解决速度更快。马尔代夫仲裁可以以保密方式解决争议。一般来说，可以在合同中加入仲裁条款，仲裁条款应由律师审查。如果不存在仲裁条款，双方可以相互同意由马尔代夫仲裁机构解决其争端。任何类型的分歧都可以申请仲裁，包括企业和消费者的纠纷、就业索赔、房地产和建筑问题等。

# ▷三、中国企业进入马尔代夫市场的合规步骤

## （一）在马尔代夫投资注册企业程序

### 1. 设立企业的形式

根据马尔代夫相关法规的规定，外国投资者可以选择创建外商独资企业，或与马尔代夫个人或公司成立合资企业。在马尔代夫注册的外资企业可以得到有效期 20 年的营业执照。

《1996 年公司法》（法律编号：10/96）规定：

私营有限公司应至少由两个自然人或法人组成，至多不超过 50 人；对马尔代夫籍股东可持有的股份份额没有限制；每家公司必须有两名负责人，其中一人必须为马尔代夫居民；每家公司必须有一位总裁；每家公司须有一名公司秘书（经济发展部最近规定，从 2015 年 11 月 1 日起，只有拥有马尔代夫籍的公民才能担任公司秘书。所有在此日期前成立的公司应指定一名马尔代夫籍公司秘书，并在经济发展部报告）；每家公司必须具备含有公司注册号的印章，并在经济发展部登记；每家公司必须向其股东

颁发股份证书。

**2.注册企业的受理机构**

马尔代夫经济发展部以及旅游部负责受理外商投资企业的审批和注册事宜。[①]

**3.注册企业的主要程序**

外商在马尔代夫申请设立投资企业，需要按照要求填写投资申请表、支付有关费用，并提交公司章程、公司董事会投资决议、投资项目的可行性研究报告、银行保函以及其他相关文件。马尔代夫经济发展部在接到投资申请后10日左右完成审批，批准并完成注册后即颁发营业执照。详细程序和要求可在马尔代夫经济发展部网站查询。

## （二）承揽工程项目程序

承揽工程项目的程序如图6-1所示。

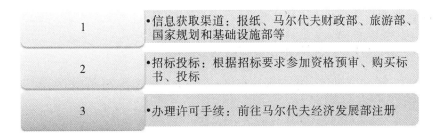

| 1 | • 信息获取渠道：报纸、马尔代夫财政部、旅游部、国家规划和基础设施部等 |
| 2 | • 招标投标：根据招标要求参加资格预审、购买标书、投标 |
| 3 | • 办理许可手续：前往马尔代夫经济发展部注册 |

图6-1　承揽工程项目程序

## （三）申请专利和注册商标

**1.申请专利**

在马尔代夫受理专利申请的政府部门是经济发展部。

申请专利需委托国际或当地代理机构。需要提交的资料主要包括：

申请专利指令信［包括申请人的名称（姓名）和地址、发明人的姓名和地址、指明申请专利的种类、拟提出申请的国家或地区、曾在国外申请专利的情况、是否要求优先权、委托人的联系方式。指令信的书写格式可由律师事务所提供］。

该专利在母国申请的请求书复印件。

---

该专利在母国申请受理通知书复印件。

该专利在母国申请文件（包括说明书、说明书摘要、权利要求书、说明书附图、现有技术资料。现有技术资料是指申请人所知的与发明相关的专利文献、科技文献、外国专利局的检索报告或审查结果）。

代理人委托书（委托书书写格式由律师事务所提供）。

国外专利申请表需要申请人在该表上签名，书写格式一般由律师事务所提供。

**2. 注册商标**

经济发展部是马尔代夫商标注册的主管部门，申请注册商标的个人或单位需按要求向经济发展部提交申请表及其他相关材料，并支付相关费用。只有在马尔代夫注册的企业才能进行商标申请。商标可登记的最长年限是 5 年。若企业未在马尔代夫注册，可定期在当地报纸刊登警示通告，从而获得商标保护。

## （四）企业在马尔代夫报税步骤[①]

企业在马尔代夫报税的步骤如图 6-2 所示。

| | |
|---|---|
| 1 | ·报税时间：每年两次（当年8月31日前、次年1月31日前） |
| 2 | ·报税渠道：马尔代夫国家税务局 |
| 3 | ·报税手续：需在马尔代夫国家税务局登记 |
| 4 | ·报税资料：会计报表、审计报告等 |

图 6-2　企业在马尔代夫报税步骤

## （五）马尔代夫海关报关流程及注意事项

马尔代夫政府规定，除大米、糖类、面粉类、《古兰经》或其节选、旅客携带的部分私人物品以及进口到马尔代夫再出口的货物外，所有进口货物都需要缴纳进口关税。

马尔代夫政府规定，除龙涎香外，不对马尔代夫自然形成的商品和从马尔代夫再出口的商品征收关税。龙涎香出口关税为 50%。

---

① 详细资料可参考马尔代夫国家税务局网站：www.mira.gov.mv。

根据世界贸易组织网站的信息，目前对世界贸易组织成员实行最惠国待遇，马尔代夫主要进口产品关税为0。根据世界贸易组织网站的信息，1995年起正式实施的《南亚特惠贸易安排协定》规定，马尔代夫对南亚区域合作联盟（SAARC）成员国主要进口产品关税为0。

海关通关程序包括进口通关程序和出口通关程序。

进口通关程序如图6-3所示。

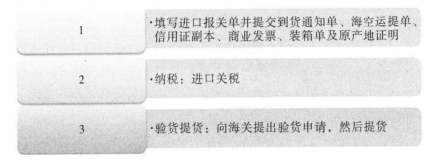

图6-3　进口通关程序

出口通关程序如图6-4所示。

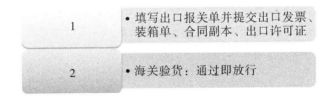

图6-4　出口通关程序

## （六）赴马尔代夫的工作准证办理步骤

### 1. 主管部门
马尔代夫经济发展部是负责审批外籍劳工工作准证的政府主管部门。

### 2. 工作许可制度
马尔代夫法律规定，外国公民必须获得马尔代夫政府批准的工作许可方能赴马尔代夫工作。

### 3. 申请程序
外国人赴马尔代夫的工作许可由在马尔代夫的雇主作为主体申请办理，申请主体可以是马尔代夫企业，也可以是外国在马尔代夫投资的独资、合资企业。

当地企业雇主申请雇用外籍雇员的条件是，业主在马尔代夫当地难以招聘到适合技术或管理岗位的人员。根据马尔代夫政府对外商投资提供的优惠条件，外国投资企业可以自由聘用外国管理、技术和非技能型劳务人员。

**4. 提供资料**

在马尔代夫申请工作许可证需要向签发机构提交的文件或资料包括：申请表、雇主信息，以及拟申请聘用的外国人持有的学历证书、执业技术资格、工作简历等。

获得工作许可证的外国人只能持工作许可副本（原件由马尔代夫境内的雇主保存）。为便于此类人员顺利出境赴马尔代夫，马尔代夫驻华使馆负责对其工作许可证副本进行确认，确认后使馆官员将在工作许可证副本上签名并加盖印章。

# ▷ 四、中国企业进入马尔代夫市场需要重点注意的合规事项

## （一）投资方面

马尔代夫严格限制资源型产业外资进入，如中国企业对资源型项目感兴趣，以合作形式等打擦边球的方式进入，很可能把自己置于被动的地位，失去维护自己权益的权力。中资投资务必持有法律认可的股权。

马尔代夫生态环境脆弱，相应环保法规极其严格，中国企业要注意避免项目操作失误引起环境污染，引致严厉处罚以及其他法律责任。马尔代夫很多项目看起来利润空间很大，但由于其特殊的地理位置和资源限制，不可预测的费用极多。比如，马尔代夫物流费用极高，做投资成本评估时切不可以套用国内的物流经验。

马尔代夫的工程、产品质量认定等标准与中国的不一致。因此，在合同认定和执行过程中有可能出现争议，建议在考察前期充分了解相关标准体系和操作规程，完善合同细节条款。

马尔代夫物资缺乏，生产和生活物资几乎依靠进口，增加了企业的经营成本。且马尔代夫本地工作节奏与中国迥异。因此，计划项目进度时务必预留充足的时间。

近几年，有国内企业投资人来马尔代夫投资渔业资源等项目。最初的合作虽然顺利，但当出现利益冲突时，马尔代夫合作方可能强行占有企业，从而导致中方的重大经济损失。因此，中国企业在选择合作伙伴时务必严谨慎重。

## （二）贸易方面

马尔代夫人均收入水平居南亚国家首位，消费水平中等，对进口商品质量、外观等要求较高。中国企业应注意出口商品质量，确保出口产品符合马尔代夫消费者需求，同时要注意出口商品要符合马尔代夫的技术标准和相关要求，尤其是农产品、食品、动物及动物制品，要进行严格的检疫检验。

中国企业与马尔代夫企业开展贸易活动，要积极慎重，最好先通过律师或代理机构对进口商进行资信调查，并按照国际贸易惯例开展商务活动。

按照马尔代夫的法律，外国企业不允许独立开办旅游公司、从事商品经营和食品贸易等活动。因此，中国企业在寻找合作伙伴时必须非常慎重，防止被人欺骗。此外，马尔代夫商品贸易的场地租金很高，许多中国公司来马尔代夫投资，最后都是因经营不善亏损而退出。

【案例】最近几年，先后发生中国企业对马出口被骗事件。如某中国企业对马出口钢制品，合同约定货到后付款提货，可货物到港以后，进口方以资金紧张为由，要求我方先交货后付款。中方据理力争，最后货物被海关拍卖，该企业还缴纳了一笔金额不小的集港费。由于马进口商多为私人小企业，自身经济能力有限，因此，中国企业在与其贸易时，一定要充分考虑风险因素，采取最为稳妥的方式，从而保证及时安全收回货款。

## （三）承包工程方面

马尔代夫承包工程市场较小，政府近年推出了一些发展项目，但毕竟财力有限，往往希望外国企业带资实施项目。

马尔代夫资源短缺，工程设备及材料基本依靠进口。如在外岛施工，岛屿之间依靠水路运输，运输成本较高。中国企业在马开展承包工程业务，一定要对建筑成本进行充分测算，防范风险。

马尔代夫气候炎热，空气湿度大，海水盐分含量高，腐蚀性强，施工场地有限。中国企业前往承担工程项目，要充分考量以上因素，科学评估，并采取有效措施应对。中资企业在马尔代夫实施工程承包项目，需要注意以下几点：

马尔代夫以旅游业为主要产业，尤其重视施工对环境的影响。所有项目开工前都需要提交环境影响评价报告，并获得环评批准。

中国企业在马尔代夫承包项目多为 EPC 模式，边设计、边采购、边施工。总承包单位管理责任大、风险高，需统筹协调设计、采购、施工及外部的多方关系，要组建先进的设计管理团队，与业主方建立定期协调机制，及时反馈需求、设计审核意见，力求达成共识。

【案例】北京城建集团承建马尔代夫首都机场改扩建项目。由于当地物资十分匮乏，几乎所有的建筑材料、设备均需海外采购。很多设备需要提前 6 个月甚至 9 个月进行预订，采购、运输周期长。高效有序地组织货物的采购、运输很关键。由于机场岛及胡鲁马累岛仅有 2~3 处小型泊位，且马累港目前没有清卸大批集装箱的能力和场地，只能在海上由小船分批运到马累港再转运至各地，等待、清关、倒运速度慢，对该项目施工造成一定影响。

## （四）劳务合作方面

马尔代夫当地企业雇主若想引进外籍雇员，需为外籍雇员取得合法的工作签证。首先，需向经济发展部申请批量配额，并提交所要招聘的职业列表及数量；其次，待配额审核批准后，雇主需准备雇员资料（护照电子版、照片、简历、文凭等）通过马尔代夫当地具备资质的签证（劳务）中介公司提交至马尔代夫政府系统进行审批，并缴纳工作许可押金（押金数额因国籍不同而不同，拟雇中国籍人员的押金为 560 美元）；最后，在缴纳押金后，系统会发放工作许可，外籍雇员凭借工作许可入境马尔代夫。

雇员入境后需进行体检并缴纳保险费、签证费、制卡费等，之后获得马尔代夫工作签证。待雇员工作期满离境后，申请工作许可注销，退还工作许可押金。另外，雇主若想引进孟加拉国、斯里兰卡等第三国雇员，还需向目标国驻马尔代夫大使馆提交需求函，审批通过后方可从该目标国引进雇员。

雇员必须年满 18 岁且持有有效护照（有效期一年以上）；雇员需做出国前体检，筛查肺结核、艾滋病、性病、乙肝四项，以免入境后体检未通过导致遣返；雇员需在工作许可下发后 90 天内入境，否则视为失效。

在劳务方面，需重点关注以下两点：

一是保持劳务结构简单。马尔代夫为旅游国家，人口稀少，劳动力资源稀缺，劳动力主要从中国、孟加拉国、斯里兰卡、菲律宾、尼泊尔等国家输入。企业在实际管理时需兼顾各国之间的文化、宗教、政治差异，而且涉及的国别越多，面临的问题也越繁杂。所以，在输入劳动力时，尽量保持劳务结构简单、统一，避免出现多级分化、拉帮结派的现象。

二是提前做好劳动力计划。马尔代夫政府审批和办理签证周期较长且波动较大，尤其是孟加拉国籍劳务，受马尔代夫移民政策影响较大，办理周期在 1~3 月不等。企业需提前梳理劳动力计划，提前准备政府要求的相关文件，以免出现因为签证问题而导致劳动力跟不上现场用工需求的情况。

中国企业派遣中方劳务赴马尔代夫工作，要与国内具备资质的正规劳务派遣公司合作；中国企业雇用第三国的劳务，要去第三国实地考察，并与第三国正规合法的劳务公司合作；在马尔代夫期间，由于马尔代夫签证公司、劳务公司颇多且质量参差不齐，要与马方相关政府机构单位推荐的公司合作。

## （五）风险防范

在马尔代夫开展投资、进行贸易、承包工程和进行劳务合作的过程中，要特别注意事前调查、分析、评估相关风险，事中做好风险规避和管理工作，切实保障自身利益。包括对项目或贸易客户及相关方的资信调查和评估，对项目所在地政治风险和商业风险的分析和规避，对项目本身实施的可行性进行分析等。企业应积极利用保险、担保、银行等保险金融机构和其他专业风险管理机构的相关业务保障自身利益。包括有关贸易、投资、承包工程和劳务类信用保险、财产保险、人身安全保险等，银行的保理业务和福费廷业务，各类担保业务（政府担保、商业担保、保函）等。

建议企业在马尔代夫开展对外投资合作过程中使用中国政策性保险机构——中国出口信用保险公司提供的包括政治风险、商业风险在内的信用风险保障产品，也可使用中国进出口银行等政策性银行提供的商业担保服务。

中国企业在马尔代夫投资，一定要找当地的法律顾问进行咨询，按照马尔代夫法律规定程序，完成所有的合法手续。同时，马尔代夫政府法律不健全，国家相关的法律经常发生变化，由于法律变更导致的投资者利益受损的事情时有发生。

### （六）建立和谐关系

#### 1. 处理好与政府和议会的关系

马尔代夫是总统制共和国，总统作为国家元首和政府首脑具有广泛的影响力。总统领导行政部门，领导警察、军队、海岸警卫队、消防队和司法部门。现任总统易卜拉欣·穆罕默德·萨利赫（Ibrahim Mohamed Solih）于 2018 年 11 月 17 日宣誓就职。2019 年 4 月，马尔代夫选举出新一届议会，执政党在议会中占据绝大多数，为新政府政策措施的顺利推进创造了有利条件。

中资企业要关注马尔代夫政府政策动态，与有关部门保持有效沟通和良好关系，及时反映企业经营遇到的问题，维护好企业的合法权益。

#### 2. 妥善处理与工会的关系

尽管马尔代夫没有工会组织，中资企业仍需遵守当地行业协会的相关规定，按规定办事。需要注意的是，马尔代夫有大量外籍劳工（来自孟加拉国、印度等国），尤其是在建设类的项目执行过程中，需注意处理好分包队伍中各国籍劳务人员之间的关系。切不可以旅游签证入境后在当地工作。

要遵守当地法规，意见出现分歧时，双方最好友好协商，在某种程度上达成一致，避免激化矛盾。

如果双方不能达成一致，则需要借助当地律师等依据当地有关法规与议会谈判，维护合法权益。

#### 3. 密切与当地居民的关系

中资企业在马尔代夫开展经营活动，要处理好与当地居民的关系。马尔代夫人民淳朴热情，但由于马尔代夫人信仰伊斯兰教，应当格外注意尊重当地的民风民俗。要了解马尔代夫的历史和文化，了解文化禁忌和文化敏感问题。

中资企业要注重加强与当地居民的沟通联系，尽可能帮助他们解决遇到的困难和问题，要尽可能聘用当地人员参与企业生产，拉动当地就业，帮助当地发展，寻求当地人民的理解与支持。

#### 4. 尊重当地风俗习惯

马尔代夫全民信仰伊斯兰教，在饮食和生活习惯上有很多禁忌。中资企业在与当地人交往时，要了解并尊重其生活习惯。

避免单独与女士相处或表现过度亲密；斋月期间，白天禁止在当地居民面前吃喝；不能饮酒和食用猪肉；女士穿着不宜过分暴露。要特别注意尊重当地宗教信仰，注重内外有别，在生活工作等各方面注重沟通，避免因此造成误解和不便。

**5.依法保护生态环境**

马尔代夫对环境保护极为重视，制定了专门的法律法规，强调经济、社会和环境的协调和可持续发展。中资企业在当地从事经营活动，要树立绿色环保理念，严格按照马方有关要求，充分考虑环保因素，用实际行动维护好马生态环境。

【案例】中交二航局在建设中马友谊大桥过程中，成立了专门的环境保护监督小组，严格按照有关要求，落实环境保护监督责任。工人们特制焊条筒、焊渣收集筒，防止焊条焊渣坠落海中；每台钻机设置钻渣集料箱，施工中及时清理转运至指定地点，严禁倒入海洋，避免了对海水的污染；生活污水排放到当地政府指定地点；设备检修时设置油盆，少量洒出油污立即清理干净，防止污染环境；搅拌站上料平台采取封闭措施，搅拌站粉料罐顶部设置除尘装置；工地有专人及时清扫施工路面，避免扬尘。

**6.承担必要的社会责任**

中资企业在马尔代夫开展投资合作，既要注重经济效益和企业发展，又要承担必要的社会责任。

一是要关注业务发展带来的资源、环境、安全以及社会治理等问题，避免引起当地居民和社团的反感和抵制。

二是中资企业和工作人员要入乡随俗，知法守法，尊重当地的宗教和风俗习惯，不做违反当地法律和社会公德的事情，维护好国家、企业和自身的良好形象。

三是参与公益事业提升企业形象。中资企业要主动承担社会责任，投入一定的人力和资源关注当地民众关心的热点问题，参与公益事业，回馈当地社会，拉近与当地居民的距离。

【案例】在2020年上半年马尔代夫发生新冠肺炎疫情期间，在马主要中资企业积极承担社会责任，组织包机为马捐赠抗疫物资，免费为马修建隔离设施和外国工人临时安置场所，向马重点部门捐赠各类必要物资等，履行了企业的社会责任，拉近了与马政府和民众的关系，得到马全社会的一致认同和高度赞扬。

### 7. 懂得与媒体打交道

中资企业要了解马尔代夫的主要媒体，尊重记者，学会和媒体打交道，通过组织媒体记者对企业进行参观采访，报道项目重大进展等，为企业在当地树立良好形象。

企业在涉及社会敏感问题时，特别是遭遇不公平的舆论压力时，要做好预案或通过公关咨询公司向媒体传播主导性消息，引导当地媒体对事件进行对企业有利的报道。随着网络媒体日益发达，应当尤其注意关注网络舆论，避免不良事件发酵。

### 8. 学会与执法人员打交道

马尔代夫社会治理较好，警察、工商、税务、海关等执法部门承担着重要的任务。查验身份证件、企业经营合法性等是执法者的职责，当地执法部门普遍对中国友好，执法过程公开透明，中资企业要学会与执法者打交道，积极配合其执行公务。

一要开展普法教育。中资企业要建立健全依法经商的管理制度，平时加强对员工的普法宣传教育，使全体员工做到知法守法。

二要配合执法工作。遇到执法人员查验各类证件时，中方人员要积极配合；如未携带证件，应该说明缘由，以获得理解。

三要依法维护权益。中方人员要注意维护自身的合法权益，如遇执法人员搜查公司或住所，要据理力争，要求其出示证件和证明，并与企业律师取得联系，同时报告中国驻马尔代夫大使馆。遇有证件或财务报表被执法人员没收的情况，应要求执法人员保护企业的商业秘密，出具没收证件或财务报表的清单作为证据，并记下执法人员的证件号和车号。如需交罚款时，注意索要单据。

四要理性处理矛盾。中资企业或人员如遇不公正待遇时，不要与执法者发生正面冲突，更不能做出触犯法律的过激行为，应通过合法程序捍卫企业或自身权益。必要时应当联系中国驻马尔代夫大使馆寻求帮助。